U0818088

中央民族大学
青年教师学术著作出版
编审委员会

主　任：鄂义太　陈　理

委　员：（按姓氏笔画排序）

云　峰　文日焕　白　薇　冯金朝　刘永佶
李东光　李曦辉　杨圣敏　邹吉忠　宋　敏
郭卫平　游　斌

中央民族大学青年学者文库
China Minzhu University Young Scholars' Series

◎ 马东亮 / 著

国家财政补助政党比较研究

GUOJIA CAIZHENG BUZHU ZHENGDANG BIJIAO YANJIU

中央民族大学出版社
China Minzu University Press

图书在版编目（CIP）数据

国家财政补助政党比较研究/马东亮著. —北京：中央民族大学出版社，2013.4

ISBN 978-7-5660-0411-6

Ⅰ. ①国… Ⅱ. ①马… Ⅲ. ① 政党—对比研究—世界 Ⅳ. ①D521

中国版本图书馆 CIP 数据核字（2013）第 063838 号

国家财政补助政党比较研究

作　　者	马东亮
责任编辑	白立元
封面设计	布拉格
出 版 者	中央民族大学出版社
	北京市海淀区中关村南大街 27 号　邮编：100081
	电话：68472815(发行部)　传真:68932751(发行部)
	68932218(总编室)　68932447(办公室)
发 行 者	全国各地新华书店
印 刷 厂	北京宏伟双华印刷有限公司
开　　本	880×1230（毫米）　1/32　印张：7.75
字　　数	200 千字
版　　次	2013 年 7 月第 1 版　2013 年 7 月第 1 次印刷
书　　号	ISBN 978-7-5660-0411-6
定　　价	24.00 元

版权所有　翻印必究

总　序

中央民族大学是我们党为解决民族问题、培养少数民族干部和高级专门人才而创办的高等学府。建校六十多年来，中央民族大学认真贯彻党的教育方针和民族政策，坚持社会主义办学方向，坚持为少数民族和民族地区发展服务的办学宗旨，培养了成千上万的优秀人才，取得了许多具有开创性意义的科研成果，创建和发展了一批民族类的重点学科，走出了一条民族高等教育又好又快发展的成功之路。

今天，荟萃了56个民族英才的中央民族大学，学科门类齐全、民族学科特色突出，跻身于国家“211工程”和“985工程”重点建设大学的行列。中央民族大学已经成为我国民族工作的人才摇篮，民族问题研究的学术重镇，民族理论政策的创新基地，民族文化保护和传承的重要阵地。

教师是学校的核心和灵魂。办好中央民族大学，关键是要有一支高素质的教师队伍。为建设一支能够为实现几代民大人孜孜以求的建成国际知名的、高水平的研究型大学提供坚实支撑的教师队伍，2012年4月，学校做出决定，从“985工程”队伍建设专项经费中拨出专款，设立“中央民族大学青年学者文库”基金，持续、择优支持新近来校工作的博士、博士后出站人员以及新近取得博士学位或博士后出站资格的在职教职工出版高水平的博士学位论文和博士后出站报告。希望通过实施这一学术成果出版支持计划，不断打造学术精品，促进学术探究，助推中央民族大学年轻教师成长，形成长江后浪推前浪、一代更比一代强的教师队伍蓬勃壮大的良好局面。

青年教师正值学术的少年期。诚如梁启超先生脍炙人口的名言所祈愿：少年智则国智，少年富则国富，少年强则国强，少年独立则国独立，少年自由则国自由，少年进步则国进步，少年胜于欧洲，则国胜于欧洲，少年雄于地球，则国雄于地球。希望在各方面的共同努力下，在广大青年教师的积极参与下，《中央民族大学青年学者文库》能够展示出我校年青教师的学术实力，坚定青年教师的学术自信，激发青年教师的学术热忱，激励广大青年教师向更高远的学术目标攀登。唯有青年教师自强不息，中央民族大学的事业才能蒸蒸日上！

中央民族大学青年教师学术著作出版
编审委员会
2013 年 6 月 19 日

中文摘要

“国家财政补助政党”制度是指在实行西方式民主制度、政党制度的国家中，以“国家”的面目出现，以法律为保证，以财政收入为资源，依照一定法定分配标准向政党提供政治资金补助的一种制度。这种由国库出资，向符合条件的特定政党拨付补助经费的制度并不是与西方政党政治一同出现的，作为一种制度现象，它出现在第二次世界大战之后的西方式民主国家中，该制度产生的直接原因主要是现代政治演进背景下政党政治与现代选举制度的发展造成的政党资金匮乏。

国家财政补助政党这一制度现象产生之后，在当代经过一段时间的发展，已经在几乎所有实行西方民主制度的国家中普及开来，但是在中文相关学术界尚未有专门研究与论述这种制度现象的论著出现，因此，作为带有一项开创性质的研究，本研究在文章的第一章与第二章对这种制度现象的内容及其产生与发展作了一些简要介绍，但是，基于学术研究的共同旨趣，即揭开制度因素等表象之后的实质原因，本研究将重点放在对以下几个深层次问题的追问：国家在动用财政资源补助政党时其目的何在？面对这种补助制度政党的政治目标与现实政治态度是否产生了相应的变化，这些变化的背后原因是什么？国家与政党的目标达成情况怎样，原因又是什么？最终，本研究希望回答“国家财政补助政党”这一颇带现代政治色彩的政治制度其产生、发展的更深层次原因是什么。为此，本研究选取了已经建立起比较稳定的民主制度的美国、英国、德国和日本四个国家在第三章至第六章进行专门的国别研究。在对每个国家相关制度进行介绍和评述的同时，本研究对其制度特点进行了初步的概括和分析，试图将制度的共性与差异置于一个比较系统的视野之中。

美国的国家补助政党制度不仅向总统竞选阶段提供补助，同时也对民主、共和两大政党的党内预选提供补助金，并且，美国的制度规定政党可以自由选择是否接受财政补助；英国的国家补助政党制度长期以来以所谓的“间接补助”为主，主要向政党的竞选活动提供免费设施与服务，而非直接提供具体数额的金钱；德国不仅存在向政党与政党基金会提供的大量直接补助，也存在税务抵扣、免费媒体时段等大量间接补助；日本的国家补助制度不仅向政党提供了巨额的补助资金，同时这个国家的相关制度还对该国的政党转型产生了重要的现实作用。这四个国家不仅补助形式各异，而且具体的补助金额占政党政治资金的比例也各具代表性。

通过对美国、英国、德国和日本四个国家的分析、归纳与比较，本研究认为，国家希望利用财政补助政党制度来达到两类目标，即具体性目标与原则性目标，但是这些目标的达成效果十分有限，这主要是由于政党对国家补助制度进行了一种工具化利用，而国家在面对政党这种工具化利用时，或因自身在政治坐标中定位的模糊而相对软弱无力，或因国家所秉持民主价值理念的内在张力而表现出矛盾与摇摆的态度，国家财政补助政党制度难以达到其设计目的主要原因即在于此。

Abstract

In western democratic countries State Funding for Political Parties means financial resources allocated by the state according to a procedure laid out in the law to political parties with the aim of supporting their essential democratic activities. As a kind of institution State Funding for Political Parties was introduced after the World War Ⅱ, and had been adopted in nearly all western democratic countries. But until now it has not come to dominate academic and political debates in the field of Chinese relative researching. So the author introduces how it comes into being and how it develops in the first and *sec*ond chapter. But the very emphases of this paper is answering these questions: what is the intention of the State while providing financial resources for Political Parties? What is the objective and posture of the Political Parties when facing state subvention and how these chang? When managing to achieve their goals did State and Political Parties get their outcome? and, why?

Public financing in United States provided for not only the president election with the General election grants but also for the presidential primaries of each of the candidates of the Democratic and the Republican with the Primary matching payments and Party convention grants. In Britain, for a long time indirect subsidies was afforded to the party campaign on the way of giving free u*sin*g of facility and free media time. As in Germany abundant direct as well as indirect subvention was given to the party and the pary fundations, such as tax deduction and free media time. Substantive grants is also allocated to support the political activities of the Japanese party, furthermore, it is expected to make for better transition of the party system. All of these four countries show the researcher different frame, and also, the proportions between the financial grants and party funds in these four countries are so different that can make it valuable for us to study carefully.

In this comparative survey of United States, Britain, Germany and Japan which are uniquely suited to this research, I argued that the State expect to see two kind of aim, one is the concrete aim and the other is the aim in principle by allocating cash grants. But both effect of these aims are limited because of the utilization of the State Funding by Political Parties. When facing with the Parties' instrumental utilization of this institution, the State cannot respond to it effectively because of either the blurred image of its position or the immanent tension among the democratic value which the state held on to.

目　录

导 论

无论以何种方式与态度去理解现代政治，一个无法绕过的核心问题就是政党的出现及其对现代政治带来的一系列影响。随着政党政治在各个现代国家的发展，政党已经成为现代民主制度中的重要一环，政党政治因而也对各种民主政体产生了持续而重要的影响，虽然随着时代的变迁，出现了很多以“非政府组织”等为代表的非政党类政治性团体，但是，离开政党的现代政治运作仍然是几乎不可想象的。

尽管对政党的定义各不相同，但是学者们无法否认的一点就是政党是带有特定政治目的的组织，而其众多目的中最重要的一点，也是使政党区别于其他政治性组织的一点就是，政党是以获得并行使政治权力为其首要目的的。为了达到这个目的，政党在民主制度下的唯一选择就是通过利用合法的选举与竞选制度获得足以显示其受支持程度的选票，进而合法掌握国家权力。为了这个目的，在不同选举制度的国家中，政党都必定会积极地派遣出政治精英竞逐国家行政或立法权力机关中的公职。在现代政党政治的发展过程中，政党形态从雏形到发展已相对成熟，在多个方面都发生了变化：从组织形态上由议员团体发展成为现代政党；从政治功能上逐渐完善了利益表达、聚合，教育与动员等功能；从党内民主来讲不断扩展了党员资格范围，等等。尽管表现出诸多变化，但是有一点，即政党与政治资金的暧昧关系几乎从未改变，政党与金钱也日益成为新闻媒体乐此不疲的话题之一。尤其是在第二次世界大战之后的西方式民主国家范围内，政党为了参与大选而花费越来越多竞选资金的现象几乎成为民主国家的通病。西式民主制的要素之一就是“国家搭台，政党唱戏”，但是随着时代的发展，关心现实政治的人们发现，国家的台子越来越经不起政党日益沉重的竞选费用的重压，即使排除物价上涨导致的通货膨胀因素，竞选费用的飞速增长也几乎是所有西式民主国家所共同面对的问题。

政党的运作需要资金，这是当然之理：政党不仅在推出自己的候选人竞争国家公职时需要竞选资金，而且在维持政党组织的日常运作过程中也需要大量的资金投入。政党在两大主要活动——竞选与日常运转过程中，必须在合法收入有限的前提下平衡好这两者的开支。但是，竞选费用的飞速增长不仅导致了一系列的政治资金丑闻、引发了社会对政党竞选活动性质的质疑，同时政党自身也日益感受到了难以承受的筹集巨额政治资金的压力，因此，学者与政治家不约而同地将目光投向国家，由国家动用财政资源为政党的竞选及日常开支提供经费成为一条解决问题的新思路。于是，在第二次世界大战之后的民主国家范围内，由国家财政提供政治资金、补助政党开支的制度首先在当时的联邦德国诞生，后来在瑞典、美国等国家普及开来，成为一种潮流。毫无疑问，这种制度不仅引发了西方社会舆论的热烈争论，也逐渐使相关领域的西方政治学者对其产生了浓厚的研究兴趣。

对“国家财政补助政党”这一政治现象与制度的出现，西方学者提出了很多有启发性的问题：这一制度现象为何产生？又为何集中出现于第二次世界大战之后的西方政治舞台上？这种制度对现代国家与政党分别产生了何种影响，未来将会如何发展等。对这些问题的回答与探讨产生了很多的研究成果，其中很多成果对我们理解现代政党政治乃至西方民主制度都具有很重要的启示性意义。但在我国，对此种制度现象的研究基本上还处在空白阶段，因此，本研究希望在西方学者研究的基础上，不囿于现有的分析结论，力争进一步对“国家财政补助政党”制度与现象展开深入探讨，得出更多有启发性的研究成果。

第一节 “国家财政补助政党”制度概念的提出

一、什么是国家财政补助政党制度

“国家财政补助政党制度”，也可称“国家补助政党制度”或者“财政补助政党制度”。简而言之，国家财政补助政党制度就是在实行西方民主制度的国家中，以“国家”的面目出现，以法律制度为保证，以财政收入为资源，依照一定的法定分配标准向政党提供资金，旨在帮助政党履行某些政治功能，以期解决或部分解决政党政治运作过程中政治资金匮乏问题的一种制度。这种制度出现在第二次世界大战之后的西方民主国家中，并且逐渐被越来越多实行西方民主制度的国家所采用。

在本研究中，国家财政补助政党制度基本上成为整个研究的核心，因此要准确而全面地对此制度下一个定义并试图理解整个制度的历史沿革的话，至少会涉及以下问题。

一是该制度在西方相关学术研究中的理论位置的问题，即此类研究与其他相关研究呈现何种逻辑关系。

首先，由于涉及政党概念以及政党与国家的关系，因此国家财政补助政党制度引发了一系列的研究课题。一旦有某个国家采取了这种制度之后，国家补助对政党的组织形态以及政党制度形态的影响如何、对政党功能的履行有何影响、对政党与国家的关系影响如何？国家补助对政党的影响有何共性、其原因又是怎样的，对人们理解政党与国家关系又能得出何种有普遍意义的结论？这些都是西方研究政党政治的学者所关心的课题。其次，按照传统的理解，政党是游离于国家与社会之间的一种组织，其桥梁作用即是因此而产生，同时也是很多学者认为的政党功能中十分宝贵的一点，但是由于国家财政补助政党制度之中涉及国家财政对政党持续、大量的合法补助这一新生现象，也自然有很多学者关心由此引发的对国家概念的重新理解问题。① 许多学者认为

① 由于是在西方民主国家逻辑范围内展开相关探讨，因此，本项研究首先排除了借助马克思主义理论对包括资本主义国家在内的阶段性的国家概念的理解。但是这并不表明马克思主义所认为的国家概念不具有正确性，恰恰相反，带有鲜明批判性的马克思主义国家观深刻揭示了隐藏在国家外表下的阶级暴力本质，因而对我们从总体上理解资产主义国家有着很强的指导意义。然而就本项研究而言，由于是在西方民主国家逻辑范围内讨论西方民主制度下国家财政补助政党的产生、发展与影响，重点希望回答的就是该制度对西方民主本身的影响问题，因此，本书对国家概念的理解主要基于韦伯意义上的国家观，即因为“国家的充分发展完全是现代的事情，所以国家概念也应当依据国家的现代类型来定义……当今国家在形式上的特征是行政和法律秩序。这一秩序可以通过章程来修改。但无论章程如何规定，管理班子有目的的团体行为总是以这一秩序为指南……当今世界仍然存在的‘正当’的暴力，仅仅是国家秩序允许或规定的暴力。国家暴力统治的垄断特征，如同它理性的‘机关’特征和持续性的‘企业行为’特征一样，是它在当代的本质特征。”参见［德］韦伯《社会学的基本概念》，胡景北译，上海人民出版社，2000 年，第 89—90 页。韦伯对国家的理解不仅指出了国家的法律秩序特征，也指出了国家拥有暴力的权力特征，因此比较符合本书的研究前提，即国家财政在补助政党的过程中，不仅仅是以一个法律秩序意义上的形态出现的，国家不仅希望通过补助政党来帮助实现政党制度的公平有序，也希望借此实现对政党的控制与渗透，这里面表现出的既有国家推行法治的愿望，也有国家实施权力的欲望。在某些情况下，政府概念确实能成为国家概念的最好代表，因此，本研究不排斥在不影响理解文章逻辑分析时以政府概念去代表国家，在这种情况下，往往意味着广义政府，而非狭义的行政权力或行政机关。如果需要使用狭义的权力机关概念来代表国家时，本研究会作一定的强调，这一点是需要特别说明的。

国家财政补助代表了国家对政党控制的进一步加深，因此，担扰这将引起政党变性成为国家机构之一种，从而使国家进一步深入社会，控制社会，影响到市民社会自治性与自由性的实现。最后，由于国家补助政党制度大多是以国家直接补助政党资金的形式出现，而且更多的是以补助政党政治竞选费用的形式出现，因此，这种制度以及制度直接引发的一系列政治现象也是选举与竞选研究人士钟爱的话题。

西方学者对选举与竞选问题的研究分类较细，有基于选举过程中选举战略的研究，有基于选举时选民心理的研究，也有基于政党自身在竞选过程中经费的筹集与使用策略的研究，后者通常被称为“竞选财务问题”（Campaign Finance）研究，单就这一类研究而言，其分类也极为精细。有讨论如何以更低的融资成本获得更多政治资金的“融资策略研究”（Fund raising），有讨论金钱与政治腐败关系的专项研究，也有专门探讨竞选财务问题应当以何种方式改革的“竞选财务改革研究”（Campaign Finance Reform），还有就是本书所重点论及的国家财政补助政党制度的研究。由于在英语中学者描述此种制度现象的词汇较多，本书下面将有专门的对有关概念翻译问题的讨论。国家财政补助政党制度既处于政党概念与国家概念研究的理论交汇处，又因其属于新生事物而事关人们对西方民主发展动向的预测。因为涉及国家对政党财务的渗透甚至管理，因此它既是政党竞选融资策略研究中不可忽视的一环，更是未来竞选财务改革重要的风向标。国家财政补助政党制度处于以上提到的多种类研究的交汇点，同时又成为独立的专门研究领域。

二是英文文献中一些相关概念的翻译问题，这一点也是本研究中必须要作重点交代的地方。

首先要说明的是，因为本项研究带有一定的前导性，所以大部分研究资料都来自英文文献，很多相关的英文词汇或者从未有过正式的、学术性的翻译，或者没有统一的中文译法，但是如果希望展开论述，则一定程度上确定有关名词的译法又是展开以追求某种程度上的共识性为重要目标的制度研究的必要前提，因此，本书大胆地将一些名词概念在本书中的用法做一下统一处理。也许随着有关研究在中文学界的步步深入，对这些概念的理解与译法会更精到、更妥帖，本书将本着求实求真的态度随时准备接受更合理的翻译方案。其次要强调一点的是，本研究对下面一些名词的译法尽量追求精当与严谨，在保证字面意思的同时，希望本着研究者对相关资料的宏观阅读与理解，找到一种保证其内在意蕴尽量少流失的译法。

首先是与国家财政补助政党制度有关的研究领域一些相关概念的翻译。

· Campaign Finance/Campaign Financing，在本书中依照具体语境译为"竞选财务"或"竞选融资"。这主要是因为此类名词多在讨论政党竞选时的资金与财务时使用，有时着重泛指与政党政治资金有关的一切问题，如政党融资、政党日常开支、竞选开支等，有时则仅着重指政党的融资活动。

· Campaign expenditure 依具体使用语境译为"竞选开支"或"竞选费用"。

· Electoral cost/Electoral expenditure/Election expenditure 也译为"竞选开支"或"竞选费用"，而暂不译为"选举经费"或"选举成本"。这是因为，虽然在英文中的用词不同，但是这组名词与上组名词的用法基本一致，都是指政党或候选人在参与竞选活动时产生的有关费用。

采取这种译法也是为了表明本书在概念使用上与其他论者（包括国外学者）的不同之处：本书有意地将"选举经费/开支/成本"与"竞选开支"等概念区分开来使用，之所以这样做是希望表明，"选举经费/开支"与"竞选经费/开支"有着内在的区别。诚如国内学者所言“竞选经费与选举经费不同。选举经费是各级政府为组织选举活动专门拨出的一笔资金，而竞选经费则是竞选者个人或支持他的政党或团体组织为竞选筹措的资金。”① 本书也认同这种看法，并认为在本书的研究中，必须清楚划分选举经费与竞选经费的不同。所谓“选举经费/成本/开支”，应当指政府（包括中央与地方政府）为了保证选举的顺利进行，以国家财政作为经费来源，为国家及地方选举过程的整体运作所支付的成本。政府提供这部分经费的主观目的并不是要偏向于某个政党或候选人，以期控制或改变选举的具体结果，而是希望通过这笔资金保证所有在民主选举制度下的参与者——不仅包括政党或候选人也包括全体合格选民——都能够按照选举法律与规则圆满地履行自己的权利与义务，最终保证整个选举制度的公开、公平与有效。而“竞选经费/开支/成本”则仅指政党或候选人为了参与选举、获得更多选票而在竞选过程中产生的费用与开支。这部分资金将毫无疑问地对具体选举结果产生影响。本书将在随后的概念辨析部分进一步详细解释为何要对这两个概念作这样的区分。

其次是涉及本书所定义的“国家财政补助政党”制度概念的翻译。

本书所定义的相关制度概念其实在英语学术界有着多种表达方法，比较常用的有以下几种：

一类为 State Funding for/of Political Parties; State Financing of Political Parties; State financal aid for parties; State Subsidies/Subvention to Political Parties。

另一类为 Public Funding for/of Political Parties; Public Financing for Political Parties 等。

① 王晓民：《国外议会研究文丛》，中国财政经济出版社，2003 年，第 75 页。

对于第一组概念，涉及的翻译问题并不大，基本上可以统一译为本书所定义的“国家财政补助政党”制度。这是因为，这组概念基本上都涉及了这种制度的几个重要因素，即国家财政（State Funding）、政党（Politcal Parties）与补助（Subsidy/Subvention），即便有时某种用法没有指明，但是其文献的具体使用语境也基本上没有离开上述几个要素概念。

对第二组概念，则需要做详细的分析。

与 Public Funding/Financing 相对应的就是 Private Funding/Financing。后者是指来自社会的私人政治捐赠，包括企业与个人的各类政治资金或者实物捐赠，不仅是通常理解的单笔大额、带有潜在政治目的的巨额捐款，也包括来自众多公民的为数众多的小额捐款。就概念本身而言，精准的译法当然是将第二组概念译为“公共资金补助政党制度”或者“公共财政补助政党制度”，这种译法既照顾到了财政资金这一款项来源的公共性，也没有忽略掉对政党所提供资金的补助性质，相比较而言，公共财政补助政党制度从定义的涵盖面上要广于国家财政补助政党制度，但是本书中也统一将类似概念译为“国家财政补助政党制度”，这样做的原因如下：

之所以说公共财政补助政党制度的涵盖面更广，是因为这种译法的含义不仅包括了中央政府（国家）提供给政党的补助金，也包括了地方政府，如联邦制国家中的州、市政府提供给地方政党组织的补助金；不仅包括了在国家层面的选举过程中由国库提供给政党的经费补助，也包括了在超国家的层面，如欧盟选举中，由国库提供给政党竞争国家联盟机构公职的那部分补助金。由此可见，公共财政补助政党制度在概念的外延上要远远大于国家财政补助政党制度，如果在研究有关次国家层面的州、市财政补助政党或者超国家层面的国家联盟预算补助政党制度时，“公共财政补助政党”当然是更好的译法，但是考虑到本书主要是在民主国家中央政府的范围内讨论国家财政补助对政党政治及民主制度的影响，因此，在本研究中仍然采取后一种译法。

但是这种做法并不表明本书认为哪一种译法更准确，而是希望表明，在一定的研究范围内，不同的译法有不同的适用性。

二、对相关概念的辨析

依照上文对国家财政补助政党制度所下的简单定义，我们可以看到，该制度至少涉及国家财政、相关法律制度与政党政治①三个概念，但是这个定义也难免因简单而失之片面。为了较为全面地理解该制度，需要我们进一步把容易与国家补助政党制度混淆的一些制度或制度现象做一下辨析，通过对这些易混淆的政党财务有关问题的区分可以更全面地理解国家财政补助政党制度的独特性。

（一）国家财政补助政党与“政治恩赐”现象是有着本质区别的

---

① 本书在等同意义上使用政党政治或政党制度，“关于政党制度的概念和内涵，中外学者有不同的认知和界定。概括起来，主要有三种有代表性的意见，即‘制度说’、‘体制说’和‘综合说’。‘制度说’认为政党制度是一种特定社会政治制度，或是国家对政党及其活动的制度性规定……‘体制说’认为政党制度是指在政治实践中形成的政党与政党之间、政党与其他政治实体之间发生关系或联系的结构、模式……‘综合说’认为政党制度是一个国家关于政党的各项制度规范的总和。其中应该包括国家对政党的有关法律规定、事实上形成的政党体制、政党自身的各种制度等三个要素。这种观点认为政党体制的涵盖面要比政党制度小，更贴近政党自身的制度……综合起来考察，目前人们界定政党制度这一概念占主导地位的意见是‘体制说’，并且惯用‘政党制度’的提法。”参见张伯玉：《日本政党制度政治生态分析》，世界知识出版社，2006 年，第 12—15 页。本书结合需要论述的制度现象，也将采用体制说的意见，即将政党制度框定在政党与其他政党或政治实体发生互动的结构与模式方面来理解，既不仅从制度规定的角度去理解，也不过于宽泛地从各种制度规范的总和角度去理解政党制度。

国家财政补助政党制度因特别突出“国家财政”因而特指国家的宏观与整体概念，而非狭义的政府概念甚或某类国家机关的概念，因而该项制度虽然在具体实施过程中会产生帮助某个党派或党派联盟的实际作用，但其主观目的并不是使特定政党或候选人受益，而是为了保证整个政党政治的良好运转。

政治恩赐（Political patronage）是政党直接利用执政资源或者利用执政带来的分配资源的优势，向其下属的成员或支持者施以政治或经济实利恩惠的一种现象，可以算做政治上的庇护主义（Clientelism）在政党政治中的反映。早期的政治恩赐与政党分赃制异曲同工，后来在国家公务员制度建立起来之后，政党分赃制失去了合法性，政治恩赐从内容到形式也就发生了很大的变化。它不再仅指由执政的政党向支持者分配公共职位这一个向度，而是包括了从政治恩惠到经济恩惠等多个向度。比如，它可以指执政党利用现职优势向某个支持者回馈以政府合同，也可以指执政党利用在任权力，占有及利用国家人力、物力资源等现象。

政治恩赐因其涉及的恩赐内容与公共资源有关以及往往由政府中的政党实施而容易与国家财政补助政党制度相混淆。

政治恩赐所可能涉及的公共物品和服务内容包括：

“1. 非物质地位的提高；

“2. 文官系统中的工作岗位；

“3. 在（政府赞助的）半官方机构的工作岗位；

“4. 在公共部分企业中的工作岗位；

“5. 政府合同和特许；

“6. 津贴和补助（包括税收减免）；①

---

① 主要是指政府（由某个执政党控制下的）向支持者给予的津贴与补助，而非本研究所指涉的国家财政给予政党的补助。

“7. 公共建设工程（作为对一些地区的集体奖励）;

“8. 有关政治拨款的立法;”①

从以上列举的内容可以看出，有两点会使政治恩赐与国家财政补助政党现象相混淆。首先，政治恩赐涉及的是以国家资源为主的公共资源。政党往往可以通过政治恩赐将公共资源（包括国家财政、服务等实物或非实物资源）转化为有利于本党的资源甚或直接转化为政治资金；其次，政治恩赐往往是由政府中的政党作出的，因此常常给人以政府代表“国家”分配公共资源的假象。但是，进一步分析就会明显地看出，虽然政治恩赐常常由政府作出，并且分配的也是国家公共资源，但是，由于政治恩赐背后党派性的实质——必定有利于执政党而非整个政党体制——而将其与国家财政补助政党制度相区别。

类似的，在有些国家政治转型时期出现的由国家机关资助政党的行为，虽然其资源的分配行为是由国家机关执行与实施，但是却并不代表“国家之整体”的公共性特点，也并非有利于整个政党政治（相反，有时这种行为是对政党政治的极大损害），因而也必然不属于国家财政补助政党制度的范畴。

此外，政党税（Party Tax）② 因为相同的原因，也不能归入本书研究制度的概念范畴。

（二）国家财政补助政党与国家财政补助议员、议会党团等现象也有一定区别

国家财政补助政党制度中的财政补助，其首要目的是为了维护一个国家之内政党体制的良好运转，而非其他。这也将其与政

---

① ［法］布隆代尔，［意］科塔，曾森，林德山译：《政党政府的性质：一种比较性的欧洲视角》，北京大学出版社，2006 年，第 119 页。

② 所谓政党税：Party Tax，也称做 Assessments，是指政党要求其在胜选后获得议会席位或者担任公职的党员每年按一定比例从自己的所得中向所属政党缴纳一定资金的现象。

党财务问题中的某些现象相区分。这里主要是指与国家财政补助议员、议会党团等现象相区分。

在很多西方国家都实行国家财政补贴议员或者议会党团的制度，并且补贴的形式多种多样：

第一种形式是指国家每年直接拿出一部分资金给予议员个人，或者由相关制度明文规定每年为议员个人报销一定的通信费、差旅费等，作为帮助议员履行国会代表职责的津贴或补助。

第二种形式是指国家每年给予在议会中拥有议席的议会党团以一定额度的津贴或补助金，帮助其制定党纲、执行政策调研以期更好地履行议会政党的职责。

以上两种形式都与本书涉及的国家财政补助政党制度有着极强的相似性：津贴或补助的来源都是依法提供、依法分配的国家公共资源，公共资源的分配对象都是政党或政党成员。但是如果考虑到这笔资金的目的性、分配形式与具体使用情况，则以上两种现象均不能归入本书的国家财政补助政党概念范畴。这是因为，政党成员在此时并不仅仅拥有某个政党党员的身份，而首先是以人民代表的角色和资格领到这笔资金的；政党也仅只是因为其在议会中拥有议席从而得以在证明自己的代表性之后，才有资格领取这笔补助金。

首先，从此类拨款的目的来看，国家财政对政党成员的拨款属于国家针对议会功能的完善而非政党功能的完善而拨付的有目的、有针对性的款项。也就是说，国家的此项拨款，更多的不是考虑某个政党的成员在得到这部分资金之后将在该政党的发展壮大等方面作出多少贡献，该政党因此在政治影响力上有多大的提升，而是更多地考虑如何帮助国家议会内的成员更好地履行其作为“民意代表”的一系列职责与义务。换言之，国家财政补助政党的实施结果，理论上将使某党的全体党员因此受益，但针对议会党团的补助则只能被已经成为国家公职人员的党员享用。

其次，从此类拨款的分配形式看，相关制度一般都明确规定，只要是议会代表，均可以合法得到一定数额的拨款，并不像本书论及的国家财政补助政党制度那样对获得补助的政党存在一定的严格有时甚至是苛刻的其他资格性准入条件。得到此类拨款的唯一条件是必须成为代议制国家中代议机关的一员，而且不会考虑到其政党归属问题。这部分拨款因此更像是国家机关公职人员的定额“工资”，而非针对政党成员的不定额“补助”。

最后，从此类拨款的使用来看，虽然的确存在议员利用这部分资源进行一些有利于自己或本政党竞选的活动（如利用国家给予议员的免费差旅优惠进行与选民的会晤以增加自己的曝光率和支持度等行为），但是从制度上来讲，这毕竟不是国家此项拨款的本意，而且，所有实施了这种行为的议员本人，也没有人敢于承认自己行为的真实目的。但在国家财政补助政党制度条件下，政党成员在依法使用补助金或实物、非实物补助时，并不需要隐匿自己的补助来源、金额或者使用目的。

总而言之，国家财政拨付给议员个人或议会党团的这部分款项虽然在客观上的确增加了议会内政党可供掌握的资源，部分减轻了议会内政党的财务负担，但从制度上来讲，完全不能归入本项研究定义的制度范围之内。

基于以上原因，我们同样可以将西方国家在选民登记时产生的有关费用划出本项研究的制度概念之外。（选民登记一般在实践中分为选民自动登记与选民自愿登记两种，采用选民自愿登记的国家，如大部分西方国家，由于选民本着自愿原则进行登记，因此国家在举行选举时在选民登记程序上基本上不需要花费什么支出，在这种情况下，政党往往承担着大部分选民登记的工作。而在采用选民自动登记的国家，比较典型的是澳大利亚式的强制选民登记制度，国家则承担了几乎所有选民登记的费用，因此，虽然有些西方学者认为这不失为国家对政党的一种补助，但是如本书的看法，由于这笔资金既有补助政党的性质，但更有国家希望借这笔资金构建良好的选举制度平台的主要目的，因此，不能将类似补助记入本书所说的国家财政补助政党制度中去。）

（三）一切对公共资源的非法占用（包括法律无法规范的灰色手段）都不属于国家财政补助政党制度的概念范畴

国家财政补助政党制度中补助金的分配方法与标准常常以法律的形式固定下来成为整个选举法律体系的一部分，该项制度本身也是有法律甚至宪法基础的，因此，政党依赖执政优势，钻法律的漏洞，占用或利用国家资源谋取政党私利也不在该制度概念之内，即使在这些国家存在着相关法律条文。如在一些新兴民主国家，虽然也存在着有关政党财务甚至国家补助政党的法律规定，但是由于法律制度设计的缺陷，使政党可以钻法律的漏洞，从而利用国家的财力、物力资源进行有利于本党的活动，这种情况下虽然政党的相当一部分资源来自国家，但是却不能归入本书的研究范围。例如，对保加利亚与俄罗斯政党的研究表明，基于平等主义而建立的政党资金法规虽然存在，但是相关立法部门并没有充分考虑到现代政治的现实以及政党日益增长的对资金的需要。在这两个国家里不仅对政党开支与接受的捐赠都有很严格的限额，而且为政党提供的制度化的国家补助也远不能满足政党的要求，结果造成了政党系统性破坏有关法律、极度依赖非法政治资金的现象。在这种情况下，执政党大肆利用国家资源，如国营媒体等减轻本党的竞选财务负担，政治竞争公平原则的缺失，使政党利用国家资源的行为成为可能。[①] 很显然，类似现象仅能算做法律制度不规范或者政治转型带来的不规范行为，因而不属于

① Daniel Smilov. The Impact of Corruption on Legitimacy of Authority in New Democracies. In Stephen Kotkin. Political Corruption in Transition: A Skeptic's Handbook. Central European University Press, 2002, p. 330.

国家财政补助政党制度的定义范畴。

三、本书对国家财政补助政党制度研究范围的界定

在本项研究中，对国家财政补助政党制度的研究范围和一些概念的使用做了界定，由于关系到对本书论述过程、思维逻辑以及结论的理解，因此这里将本书对这种制度界定的详细内容及原因简要介绍如下。

一是这种制度的实施范围。本书所指的国家财政补助政党制度特指在实行西方民主制度的国家中实施的一种制度，也就是说本书的相关研究将主要集中于已经比较稳固地建立起西方民主制度的国家范围内，这是因为国家财政在西方民主政治中并不天然地成为政党的财务来源之一，而是西方政党制度经过了一个相当长的时期演变而来的政党可以觊觎的财富来源，将相关研究集中在已经建立起比较稳固的西方式民主制度的国家之内，可以在保证研究有效性的前提下减少研究涉及的变量，同时，这项制度主要内生于西方民主之中，在对其他转型国家类似制度进行扩展性研究之前，先将内生于西方民主中的这项制度的产生发展与影响进行梳理，必然有利于将来进一步对政治转型国家范围内类似制度的理解与探讨。此外，在那些建立起了比较稳固的西式民主的国家，其政党制度由于历史原因一般也都比较稳定，这对于本书分析国家补助对政党带来的影响也提供了理论上的清晰与方便。

在其他的一些非西方民主国家、政治转型国家里（如东欧的一些国家）国家财政也会成为政党的财务来源，但是因为其各自的国体与政治文化背景的不同，国家财政成为政党资金来源的原因与影响也各不相同，对这部分国家的考察将涉及更多的政治转型中出现的变量，很多相关的政治现象也不能仅仅从国家补助政党制度出发进行探讨，因此暂时不包含在本项研究的范围

之内。

二是对这种制度的研究将主要聚集于国家这一层面进行。如前所述，利用公共财政资源补助政党不仅发生在国家一级，也发生在超国家及次国家的地方一级层面，本研究有意识地把焦点放在国家这一层面，也是出于研究策略的考虑：只有先将发生在国家层面的财政补助政党现象的来龙去脉厘清，才有可能对超国家以及次国家层面的相关现象构造良好而深入的研究基础，也才有可能更进一步探讨此种制度现象背后的要素、动因与深远影响。

三是将以政党竞选为中心展开研究。下面的文章中将会阐明，国家补助政党的经费将主要以直接补助的方式，并且大部分以现金的形式补助政党的竞选开支，虽然在有些国家内，国家也会向政党的日常政治活动提供相当一部分补助，但是就整体而言，国家补助政党的竞选开支仍是该制度的主要内容与首要目的，这也决定了政党对这部分开支的使用情况。当然，强调以政党竞选为中心展开研究，并不是排斥政党在国家生活中的其他政治活动，在涉及"国家财政补助政党制度"这项专门研究的必要情况下，本书也将对政党的其他活动产生的经费开支与补助情况作详细的介绍。

第二节 相关文献综述

一、针对制度本身的研究

在国家财政补助政党制度还未产生之前，西方国家中很多政治学者对政治资金与民主政治之间关系的研究已经开始了。最早以国别比较的方法进行金钱、政党与政治关系研究的学者当属詹姆士·K. 波罗克（James Kerr Pollock），他在 1932 年出版的《国外金钱与政治研究》（Money and Politics Abroad）一书中，比较了英国、德国、法国的政治资金实务，提出了限制竞选开支的想法。其后陆续有许多关于政治资金方面的研究论著问世，学者们开始认真思考金钱的来源和多寡与现实生活中政党行为逻辑与习惯的关系，思考改变金钱来源，使其尽可能地公开化，能否对改造政治现实产生积极的影响，但这些话题并没有引起广泛而持续的讨论，而且其中对国家财政补助政党制度的研究也几乎一直是空白。出现这种情况的主要原因之一是国家补助政党这种制度形态并未在民主实践中产生，因而也就没有更多的理论研究成果。

正因为国家财政补助政党制度作为一种制度现象出现得较晚，对这种制度的研究相对而言也比较少，而且总的来说，很长一段时间以来并没有成为西方学术界的热点研究领域。“近三十年来，仅有屈指可数的学者将其注意力转移到了对下列问题的研究上来，即政治资金问题、选举中的政治融资问题、金钱对选举结果的影响。这些为数甚少的学者的研究活动引起了学界的普遍注意，但是通常是学术殿堂之外发生的政治事件与活动才会引起公众对类似问题的真正留意。”① 也仅仅是在 20 世纪 90 年代之后，公共性资金在政治选举中的作用与意义才引发了更多政治学者的兴趣，而且正是现实政治中产生的国家财政资金补助政党的立法需要，才促使越来越多的学者开始关心这种制度本身及其对现代政治带来的影响。因此，确切地说对这种制度而言，是事件引发讨论，而非反之。

虽然迄今为止类似研究也仍然不能算做是西方政治科学研究

① Herbert E. Alexander and Rei Shiratori. Comparative Political Finance Among the Democracies. Boulder：Westview Press，1994，pp. 2 – 3.

中的热门领域，但是这并不是说相关领域的研究没有得出有益的成果；相反，有限研究者的学术讨论，同样涵盖了范围涉及众多国家的个案研究与跨国比较研究两大类领域，形成了很多足以影响甚至指导西式民主选举理论与实践的研究成果。

在国别研究方面，主要理论成果集中在对西方国家的有关制度研究之中。但是相关探讨不仅包括了对欧洲、美洲等主要西方民主国家的研究，而且逐渐涵盖了对东亚、拉丁美洲、中东欧新兴民主国家的相关研究，其中尤其以前者的理论成果更为丰富，资料也更加翔实。

在跨国研究方面，主要理论成果也多集中在对西方民主国家的比较研究之中，但21世纪之后，相关研究有向新兴民主国家与转型国家扩展的趋势。这部分是因为前期西方国家间的跨国研究已经积累了一定的理论分析成果，日渐丰沛的分析视角使得学术上的“移步换景”成为可能，另一方面也是因为在现实政治中国家财政补助政党制度在越来越多实行西方式民主的国家得以推行，使相关讨论有了借以深入的研究样本。

目前为止，西方学术界在“国家财政补助政党”这一专门制度研究领域内比较有建树的学者有赫伯特·E. 亚历山大（Herbert E. Alexander）、迈克尔·品托·达斯金斯基（Michael Pinto – Duschinsky）、卡尔·亨茨·耐斯马切尔（Karl – Heinz Nassmacher）以及 K. D. 尤因（K. D. Ewing）等。其中，赫伯特·E. 亚历山大对美国的选举与政党融资以及美国财政补助政党制度均有长期的研究，独著并编著了一大批相关著作，其中他编著的针对西方国家的大量政治资金跨国研究资料为国家补助政党制度研究打下了很好的基础，他主持的“美国大选年政治资金”（Financing the XXXX（year）Election）系列项目著作成为相关研究的必读书目，亚历山大本人还是一家名为“市民研究基金会”的政治研究组织的主任，在他主持下进行了大量有关政党竞选资金法律的研究；达斯金斯基教授同样既是研究政治融资与政党资金问题以及国家财政补助政党制度的专家，也身兼了许多民主研究与行动组织的顾问，他也是研究英国政治资金问题的专家级学者；耐斯马切尔是一位德国学者，但他同时以英语写作有关竞选融资与财政补助政党制度的文章和著作，耐斯马切尔教授的主要贡献多集中在为国际政治资金研究组织主持与写作有关出版物上，他在跨国比较研究领域中的成果也值得一提；尤因教授主要研究英国政治资金问题，但是他对国家补助政党制度的研究却不囿于英国政治制度框架之内。对这些学者的研究成果，本书将在下面的论述中有所介绍、评述或引用。

除了众多学者的理论研究著作之外，还有大量提倡与研究国家财政补助政党制度的网站，从理论上为国家补助政党制度提供论证并努力倡导其实施，当然，从客观主义的角度出发，此类网站可能因其先入为主的政治倾向而有失公允，但从学术研究角度看，这些网站的很多观点也不失为一种有益的启示。此类网站的讨论与研究焦点一般都放在竞选资金问题、如何通过国家补助政党制度来营造出一种不存在资金腐败与舞弊行为的竞选过程等问题上，比如“保持公正竞选”（Keeping it Clean）、“公共资金补助选举”（Public Financing of Elections）、“公正资金比较”（Clean Money Comparisons）、“著就改革”（Writing Reform）等专题网站。

对国家财政补助政党制度，西方学者总体来讲有正面与负面两种评价，这两种评价都基于一点共识性假设，即国家通过实施对政党的补助能够对政党产生实际政治影响，这种影响足以深刻到改变政党生存与演进状态的程度。学者认为，在实践中“国家主要以三种方式来影响政党及政党制度的变化：

1. 通过政党法、选举法以及国家财政补助政党的有关规定，以直接方式对政党施以影响；

2. 对市民社会中对政党具有重要影响的那部分进行控制；

3. 利用各种国家机构之间的性质及权力关系来施以影响，其范围包括了国家结构、行政机构、议会、官僚制、宪法法院等”。①

国家补助金的确对政党政治乃至现代民主政治都产生了深远的影响，但对这种影响程度上的界定与性质上的分析却基本上分为两类。

在国家补助政党制度产生并付诸实施的早期，多数观点认为依照这种制度运作下的“国家补助金”会对民主政治产生很大的正面影响，尤其是本书中所要重点讨论的国家财政直接补助政党制度（以下简称“直补制度”），更是被许多相关研究者寄予厚望。人们普遍认为，国家直接补助金会产生以下正面作用：第一，国家提供给政党的直接补助金加强了政治家个人的自主性，防止了与政治资金有关的腐败行为的产生，提高了政治资金的透明度；第二，直接补助金保证了政治过程中的机会平等与选举的竞争性；第三，直接补助金给政治行动者提供了进行民主活动所需要的充足资金，增强了政党的制度化与稳定性。②

但是，随着制度的实施人们发现，国家补助制度并没有达到上述的良好初衷，这不仅促使人们反思这种制度自身的逻辑，也促使人们进一步思考与发现这种制度对现代民主政治所能带来的深层现实影响，于是，国家补助政党制度的一些负面影响也得到了越来越多的阐述。

这种负面看法仍然主要是基于对国家直接补助政党制度的理

---

① Wolfgang C. Müller：The Relevance of the State for Party System Change，Journal of Theoretical Politics，Vol. 5，No. 4，1993，p. 420.

② Kevin Casas – Zamora. Paying for Democracy：Political Finance and State Funding for Parties. Colchester：ECPR Press，2005，pp. 4 – 5.

解，相关学者认为，直接补助政党制度非但不会产生预期的正面作用，还很可能会引发一系列侵害民主与自由的后果，这种影响具体体现在对政党政治的影响上。

学者们认为，如果实行国家补助政党制度，就会不可避免地“存在这种危险：即政党与人民相疏离，政党对于在更广泛的基础上经营与赢得自己的支持力量变得不再感兴趣，从而也不再被社会认可是其中一部分。国家补助政党制度的实行就像是国家为了干预与控制社会而遣入社会的‘特洛伊木马’。”①

另一种反对国家补助政党制度的意见可以看做对上述观点的进一步解释，这种观点认为“一、国家补助资金会强化政党格局的现状，导致政党制度的僵化；二、政党和社会被国家操纵与控制的危险提高；三、因为政党不会在资金上更多地依赖于他们的党员，而来自政党党员的资金很大程度上与社会相联系，所以精英与草根阶层的距离会因此而增加”。②

耶鲁大学法学院教授拉尔夫·K. 温特（Ralph K. Winter）也是国家补助政党制度的反对者，他同样从一个自由主义者的角度出发更加具体地解释了为什么应当阻止国家财政补助政党制度的实施，他认为，并非所有流向政治的资金属性都是负面的，向政治竞选活动捐款也是“政治表达”的一种重要方式，但国家补助制度会使这种方式的功能弱化；国家出面向政治竞选提供资金的相关法律和作法只会向热情的政治参与行为泼冷水；国家补助制度也相当的危险，因为目前已经实施的各种形式的补助规则并不能保证公平地分配资金；国家补助制某种程度上还必然会影

① Peter J. Burnell, Alan Ware. Funding Democratization. Manchester: Manchester University Press, 1998, p. 8.

② Ruud Koole. The " modesty" of Dutch Party Finance. In Herbert E. Alexander: Comparative Political Finance in the 1980s. New York: Cambridge University Press, 1989, p. 210.

响公务人员在存有争议的公共问题上的中立性；最后，由于财政补助最终是由所有持各种政治观点和态度的纳税人提供的，因此，这种制度还会让纳税人事实上为自己所反对的候选人提供了支持。①

在对国家补助政党制度提出各种反对性意见的同时，还有很多学者认为实际上国家可以通过多种方式达到原先设计该制度时的目标，比较有代表性的观点认为“国家的旨趣在于推动体现在政党融资与日常政治活动有关的公民政治参与。而国家的这种目的也就一方面和政治合法性与议会民主的稳定性相关联，另一方面和政党的宪政职能相关联。但是为什么会存在这种希望推动党员对政党的高度积极性与高度支持的公共旨趣呢？这与其它一些已经得到认同的政策法规的目标相关：大量来自党员或政党的积极支持者的小额捐献可以帮助减轻政党向富有的个人大金主或企业筹款的压力，这样就会达到防止政治过程中产生腐败的政治目标。而在这种情况下，即便不向政党提供国家补助，防止腐败的目标也有可能达成。”②

这里面的每种观点实际上都有其正确之处，本书也基本同意上述看法，即国家财政补助政党，尤其是直接补助政党制度会给政党政治带来很多负面的影响，同时也很难达到其制度设计时期望达到的诸多目标。

当然，负面论者的出发点与那些持正面评价的学者的出发点在某些地方完全一致，他们在坚持自由主义理念，认为政党政治是西方式民主自由不可或缺的一环这一点上有着高度的共识，区

① Ralph K. Winter, John R. Bolton. Campaign Financing and Political Freedom. Washington：American Enterprise Institute for Public Policy Research，1973.

② K. D. Ewing. The Cost of Democracy：Party Funding in Modern British Politics. Oxford：Hart Publishing，2007，p. 34.

别仅仅在于，国家补助政党制度是否对实现其共同的目标更有裨益或者更少伤害。

二、与国家补助政党制度相关的研究

其他这方面的研究主要指以国家补助政党这一制度现象作为切入点，有目的地在其他相关领域内展开的研究，这其中主要是指学者对现代政党政治与当代政党形态进行的探讨以及对新兴民主国家民主政治的一些讨论。

早在国家补助政党制度实施之初，相关的讨论就紧接着开始了，但是针对国家补助政党将会给政党政治带来的影响，最早也最具代表性的论述当属体现在德国宪法法院在 1966 年 7 月针对德国国家财政补助政党制度做出的判决中：政党不仅是民主政治中的重要构成要素，而首先应该是外在于国家的社会组织，由社会将其组织起来并且应该相对国家具有一定的独立性。基于这个原因，国家可以给政党提供补助金，但是只应及于政党的竞选费用方面，对政党除了竞选之外的日常性政治活动则不应提供国家财政性补助，如果为政党的日常性政治活动提供国家补助，政党必然会逐渐转变成为国家机构，从而将自己置于不应有的国家影响与控制之下，最终结果会影响到政治选举过程的自由。①

当然，德国宪法法院的判决虽然精当，但毕竟不是系统性学术研究后的结论，真正成为系统的研究成果其主要理论贡献者当属政党研究领域的专家：理查德 · S. 卡茨（Richard S. Katz）和彼得 · 迈尔（Peter Mair）。

理查德 · S. 卡茨和彼得 · 迈尔在其政党政治的研究中对国家与政党的关系有过深入的探讨，在其 1995 年合作撰写的一篇

① 参见德国宪法法院 1966 年 7 月 19 日的判决：BVerfGE 20，56.

文章中，两人认为，许多当代学者持政党衰落论或政党失败论，依据是政党的支持者在数量上的减少；在日益减少的党员或支持者中，对政党的信任也在减弱；来自社会的对政党的认同同样在衰弱之中等。两人认为这种政党衰落论可能是种误解：一方面，政党表面上出现了上述各种衰弱的迹象，但另一方面，以政党在国家机器中的部分为例，政党组织却呈现一种逐渐增强的趋势。之所以得出政党衰落的结论，是因为很多人还是以传统的“大众型政党”类型及其特征作为对现当代政党的价值评价标准。但是，种种迹象的出现只能说明传统的大众型政党的衰落，政党本身出于生存的需要，是会采取多种方式改变自身、适应发展的，“卡特尔式政党”就是政党转型后的形态。① 卡茨和迈尔两人后来对其政党模式的概念作了详细的论述，其中，国家提供给政党的补助金在其有关“卡特尔式政党”的概念中占据了重要的地位。下表列出了政党形态变迁过程中不同形态政党的特性比较：

特性	权贵党/干部党	群众性成员党	全方位党	卡特尔党
存续时间	19 世纪	1880 至 1960 年	1945 年至今	1970 年代至今
政党动作与政党竞选的性质	不相关	人力密集型	人力密集—资本密集型	资本密集型
政党资源的主要来源	个人联络	个人党费和捐赠	各种来源的捐赠	国家补贴（助）

（来源：Peter Mair. Party System Change：Approaches and Interpretations，

① Richard S. Katz and Peter Mair，Changing Models of Party Organization and Party Democracy：The Emergence of the Cartel Party，Party Politics，1（January，1995），pp. 5－28.

Oxford：Clarendon，1997，pp. 110 – 111. 转引自张小劲：《关于政党组织嬗变问题的研究：综述与评价》，《欧洲》2002 年第 4 期，第 67 页）

与卡茨和迈尔想法类似的是西方学者在一项包括挪威、瑞典、丹麦、冰岛等国在内的斯堪的纳维亚地区的政党进行的研究中所下的结论，即认为虽然政党变得比以往更加痴迷于选票与席位而不是发展党员、壮大组织，各种非政党组织也在侵蚀政党原有的政治地盘，但是在政党内部的地方以及中央一级政治候选人的选择上，党员的选择仍然发挥着决定性作用；虽然国家补助政党的资金已经在很大程度上替代了私人政治捐款并成为政党的重要财务资源，但党员的积极性在次国家级的选举中发挥的作用仍然不可忽略——政党，至少在斯堪的纳维亚地区的民主国家中，仍然在政治领域保持着其首要行动者的角色。①

以国家财政补助政党制度为切入点，西方学者对欧洲的新兴民主国家也进行了一系列的比较研究，得出了很多有借鉴意义的研究成果。

经过研究学者们发现，在中东欧等新兴民主国家，国家补助政党的资金在政党财务方面扮演了极其重要的角色。在这些转型国家，政党政治往往处在初始阶段，政党本身缺乏获得政治资金的有组织的渠道，加之选民的偏好极易波动，因此政党资金的来源并不稳定。在这种情况下，国家财政补助政党制度在欧洲新兴民主国家里成为普遍的制度现象，国家补助金在大多数政党的收支表中都占据了首要位置。而且，无论就国家补助政党资金的数量或者涉及的补助范围而言都在持续提高与扩大。

可能会令制度设计者与提倡者遗憾的是，这些补助资金的受

① Jan Sundberg. The Scandinavian Party Model at the Crossroads. In Paul Webb, David M. Farrell, Ian Holliday. Political Parties in Advanced Industrial Democracies. Oxford: Oxford University Press, 2002, pp. 181 – 216.

益者常常是执政党，同时来自非法渠道的政治资金并没有减少，国家补助很大程度上使这些国家的政党制度失去了活力，但是从另一方面讲，在这些国家脆弱的政党组织与并不稳定的政党制度的背景下，财政补助金反而对转型国家的政治稳定起到了一定的正面影响。①

类似的研究认为，在这些国家里恰恰是政党在一开始就主宰了国家补助金的分配原则与标准，因此国家补助金不可能通过鼓励新政党的参与起到促进政党竞争的作用。② 因此，以目前的案例来看，国家补助金也并没有对这些国家的政党在市民社会中建立自己的政治基础起到明显的正面作用。并且对中东欧国家内部的政党自身而言，这部分资金强化了政党中央委员会的权力，而非像西欧国家那样强化了政党在政府中的那部分组织。③

三、最新理论进展

通过上面的介绍我们发现，对国家补助政党制度本身不仅不能作简单的正负面评价，对其带来的具体影响也应当作具体的分析。有关专家学者的最新著作中已经明确地谈到了这个问题，并且试图把国家财政补助政党制度划分为不同的形式，进而阐述不同形式的国家补助会带来的不同影响。

长期研究英国及跨国政党财务问题的专家 K. D. 尤因就持这

---

① Paul G. Lewis, Paul D. Webb. Pan – European Perspectives on Party Politics. Leiden：BRILL，2003，pp. 118 – 119.

② Anna Grzymala – Busse. Rebuilding Leviathan：Party Competition and State Exploitation in Post – communist democracies. Cambridge：Cambridge University Press，2007，p. 200.

③ Ingrid van Biezen. Party Financing in New Democracies：Spain and Portugal，Party Politics，2000，Vol. 6，No. 3，pp. 329 – 342.

种看法。

首先，很显然的是政党得到充足政治资金的方法是通过来自党员以及政党支持者的政治捐献。虽然政党已经是自由民主制度中重要与不可缺少的因素，但是并不能因此就应该得到全面而广泛的公共资金支持，没有政治倾向的资金也会培养出没有政治倾向的政党，这样往往会使政党成为一些只有名称上的不同，而无实质上差别的空壳组织，或者，成为一种只是为了获得选举胜利、取得政权而存在的松散的政治组织。最终的结果是，政党会因此逐渐失去很多传统意义上应该承担的政治责任。

进而，尤因认为，国家现今更应该做的是抓紧关注起政党党员多少与增减趋势的问题。很多学者在讨论政党党员问题时大多集中于探讨政党党员与政党自身利益之间的关系，但是他们忽略了政党党员的多少对整个民主政治共同体的公共利益影响之所在，而这种公共利益不仅仅止于党员的存在为政党提供了多少合法性以及提供了政府过程的多少稳定性一个方面。因此国家的角色其实是双重的，一方面，从消极的意义上讲，它要防止出台任何有碍于靠政党激发起公民政治积极性（包括发展新党员、寻求更多支持者与积极参与者）的法规，也要防止目前政党中出现类似寡头政治的倾向；另一方面，从积极的意义上讲，国家应该对政党激发公民政治参与积极性的行为实施多种形式的激励，比如支持政党发展党员、支持政党募集更多大量的小额资金、支持公民更多参与政党的公共事务，甚至向政党提供更多的专业帮助等，因此，这时就涉及：

第三，国家财政补助政党资金的实施效果问题。国家补助政党资金的实施效果（或者说后果）主要会有两种情况，一种是像欧洲许多民主国家已经发生的那样，国家迎合政党的需要，向政党提供了大量充足的补助金，使政党没有动力去发展党员，寻求更多社会支持。这种情况属于国家潜在的负面介入。另一种是国家的介入产生正面影响的情况。比如在德国，国家通过将政党获得的补助金与政党的竞选表现与党员人数联系起来的方法，为政党创造了一种正向激励。国家的这种正向激励也会要求政党遵循国家根据民主程序划定的某些要求。①

尤因给国家补助政党制度研究者的启示至少有以下三点：

首先，国家在处理自身与政党关系的战略性问题上至少有两种选择。②

一种是采取消极的态度，不为政党履行其民主职能提供更多的积极帮助，但是也不为其履行相关职能设置更多的阻碍，甚至想方设法减少这种可能会存在的阻碍。这时国家的面孔更像是英国古典保守主义者伯克意义上的消极主义者，对政党认清政治使命、完成政治任务的可能性持怀疑性信任或者至少是谨慎放任的态度，只在政党的行为出现危及民主政治的根本原则信条时出手纠偏，国家对政党政治总的态度是，不求“扬善”，但求“惩恶”；不求为民主制度的发展提供所谓“创新性”实践成果，只求不给民主制度增加更多的负面案例。另一种是采取积极的态度。在这种情况下，国家相信政党不可能清楚地意识到自己的政治使命之所在，也不具备对自己完成使命之可能性的正确评估能力，相反，国家对自己能够了解并时刻提醒政党其政治使命所在充满了信心，同时国家也认为完全可以由它出面为政党履行相关职能提供全面而充足的帮助，这种帮助尤其体现在由国家财政提供的补助政党的资金上。国家此时的面孔更像是一个坚定的积极自由主义的支持者，对政党完成使命的能力总体上持不甚信任的

---

① K. D. Ewing. The Cost of Democracy: Party Funding in Modern British Politics. Oxford: Hart Publishing, 2007, pp. 32 – 34.

② 尤因的这点启示对本书下面即将展开的对“国家财政补助政党制度的影响”的分析多有裨益，具体将详细体现在对英国国家补助制度的介绍与分析中。

态度，希望借自己对政党的一步步深入的控制来让民主政治按自己预设的“正确”轨道行进，对政党政治总的态度是既要“惩恶”，更欲“扬善”。

其次，在这里，尤因已经意识到，国家补助政党的结果反映在政党与国家关系方面至少会产生正负两种影响，具体何种影响在一定时期内占据优势要视制度的具体落实情况而定。

如果国家不分轻重缓急而对政党的多种政治功能与职责一概实行补助，那么势必会培养出一种依赖国家、少有愿望发展与巩固其社会支持基础的政党，这种政党不仅其自身的合法性很成问题，而且会连带地影响到整个民主制国家的合法性存在。国家此时与其说是一位保姆，还不如说是一名隐形的杀手。

如果国家有意识地将提供给政党的补助金额的数量与自己希望达成的某些目标联系起来，在制度创制时进行一番带有主观目的的制度设计，那么，很可能国家可以通过财政补助达到部分控制政党与激励政党正面职能的双重目的。不仅是像尤因提到的德国模式（将政党得到的国家补助与政党的政治竞选表现和发展党员情况相挂勾，政党在选举中得到更多选票或者在日常政治活动中得到了更多的公民支持就能相应地从国家手中拿到更多财政补助），还有本书下面将要提到的诸多模式。简而言之，国家在财政补助政党问题上的可选项理论上是非常多的。

最后，尤因其实也已经表明了他对国家财政补助政党制度的态度，即国家对政党政治以及更进一步讲对政党政治支撑下的选举民主制度持积极的态度与措施这一战略方向是正确的，但是在实施形式上应当慎之又慎，应当尽量借助国家补助政党制度，使政党认真对待自身在整个现代民主政治中的定位问题，利用国家补助使政党尽量不脱离社会，尽量忠实地保持其社会利益表达与承载工具的特性。

第三节 研究方法及分析框架

一、选取历史制度主义作为主要研究方法的原因

在政治学研究方法与类型上，美国学者菲利普斯·夏夫利认为可以按两种维度、两种类型，共四种组合类型来区分不同的研究。“1. 研究或者可能是直接回答一个特定问题，或者主要出于该项研究本身的原因——它可以增加我们对政治学的一般理解。根据研究设计的用途不同，可以划分为应用研究和基础研究。2. 研究也许主要是用来发现新的事实，或者用来提供观察旧事实的新方式。因此，政治研究可以根据它能够提供新的事实信息的程度来划分（经验研究和非经验研究）”，四种类型的政治研究分类列表如下：

	应用型	基础型
非经验型	规范哲学	规范理论
经验型	政策导向的研究	理论导向型研究

本项对国家财政补助政党制度的研究主要依据一些国家现成的制度经验与教训，这项研究的主要目的也并非向某国或某部门提供政策建议或参考，而是希望在理论上寻求对这种制度现象的更深层次分析与理解，毫无疑问，本书的研究类型属于这种分类中的第四类：理论导向型研究。按照夏夫利的说法：理论导向型的研究“专注于扩展我们对于政治事件的发生及为何发生的知识。与政策导向的研究一样，它是经验性的，主要关注的是发现

政治事实。但是它又与政策导向的研究有所不同：政策导向的研究主要处理对于特定政治问题有用的事实，而它主要是发展新的理论或者是改变或证实旧有理论。相应地，这类研究中的最重要的活动是发展出与观测到的政治现实相联系的理论。在政策导向的研究里面是为解决问题的需要而去寻求事实，在这里则是为发展理论而寻求事实。”①

当然，在大部分具体的政治学研究过程中，很难严格区分出某项研究归属于哪种研究类型，但是研究者基于自己的研究目标而将某类型的研究方式置于主导地位却是必然的，同时，选择与之相适应的研究方法也是重要一环。本项研究选用历史制度主义作为主要的研究方法，原因如下。

首先是历史制度主义内在的理论价值与本研究的理论目标需要使然。

历史制度主义内在的理论价值是通过与旧制度主义以及与同属一个流派的其它新制度主义类型比较而显现的。

与新制度主义比起来，旧制度主义在研究对象上仅仅是将重心放在不同国家政治制度的结构之上，即便进行了国家之间的比较研究，也因为没有中观理论的支持而流于形式。在对研究对象的框定与认识这个问题上，旧制度主义的局限就在于大多将制度视为单纯的分析对象，而没有进一步探究制度在塑造政治行动者的行为方面所发挥的巨大作用。本项研究虽然即将分别对四个国家进行讨论，但是在结束对这四个国家的讨论之后，需要一种中观层次上的理论作支持，因此本书首先排除了旧制度主义的研究方法。

从流派归属上讲，本论文主要采用的历史制度主义无疑属于

---

① ［美］W. 菲利普斯·夏夫利：《政治科学研究方法》，新知译，上海人民出版社，2006 年，第 5—9 页。

20世纪80年代以来新兴的新制度主义学派的阵营，新制度主义流派众多，但无论学者们对新制度主义进行何种形式的划分，七分法也好，四分法、三分法①也好，历史制度主义均是其中可以独立成为一个重要流派的、不可忽视的理论方法。这首先证明了历史制度主义的重要性，其次也提示研究者，历史制度主义具有其内在独特的方法论价值。

整个制度主义体系固然一贯把重点都放在对“秩序”的强调上，都认为是秩序规正了混乱的世界，同样新制度主义也强调“秩序”，但是，不同于旧制度主义对秩序的简单化理解，新制度主义精心构建起了对“秩序”的新颖表达，即划分出了历史秩序、时间秩序、内生秩序、规范性秩序、人口统计学上的秩序、符号性秩序等六种秩序。本论文所选取的主要研究方法：历史制度主义就是强调历史秩序与时间秩序在政治生活中重要作用的一种理论。历史秩序“强调历史过程的效率，强调历史迅速地和不可抗拒地走向某种独特的结局——正常情况下是最优的结局。”而时间秩序则是指，事物之间的“关联不是逻辑上的，而仅仅是时间上的。事物通过其同时出现或到达而发生联系。”②对历史秩序的强调意在指出历史过程对制度的重要性，而强调时间秩序则意在提示研究者，惯常的逻辑分析在研究中存在着自设陷阱的可能，此时，历史制度主义对历史秩序与时间秩序的构建反而可能会指明一条出路所在。就本研究所涉及的国家财政补助政党而言，历史秩序的概念必不可少，因为在接下来的讨论中，我们可以发现，讨论制度的成功与失败，必须要有一定的先在价

---

① 关于新制度主义的有关流派划分与分析请参阅，何俊志：《新制度主义政治学的流派划分与分析走向》，国外社会科学，2004年第2期，第8—15页。

② 詹姆斯·G. 马奇，约翰·P. 奥尔森：《新制度主义：政治生活中的组织因素》，引自何俊志等译：《新制度主义政治学译文精选》，天津人民出版社，2007年，第33页。

值标准的预设，舍此难以对制度的过去与现状进行评价，更无法指出其改革的原因与成败。此外，对国家补助政党制度的研究要求不仅要观察这种制度的历时性表现，更需要研究者仔细甄别导致制度历时性表现的具体原因，此时，“时间秩序”的概念就为研究提示了一种新思路，即从制度发展的历时性出发，梳理那些参与进时间秩序里的主体性因素，思考其中的内在联系究竟在何种程度上才是逻辑的表现。

其次，历史制度主义与理性选择制度主义在方法论基础上的不同，以及在此问题上历史制度主义显示出的优势，也构成了本研究选取历史制度主义作为主要研究方法的原因。

以方法论而言，理性选择制度主义采用的是一种演绎的方法，因此在理论形态上，理性选择制度主义就象是一把锋利的解剖刀，它的优势在于直刺被简化之后的问题。但是十分明显，对本研究来说，不仅要利用理性选择制度主义的理论来进行分国别的讨论，更需要利用历史制度主义所采用的归纳方法，即在对所掌握的材料进行解释的同时，进行归纳的工作，从中提出理论假设。

最后，历史制度主义在理论假设问题方面的透彻分析，决定了本研究选取历史制度主义作为主要的研究方法。

“历史制度主义的中心假设是，按以下的理解来研究人类的政治互动将更有启发性：

(a) 规则结构自身是人的创造物；

(b) 继而，因为人的生命是活生生进行着的，而不是仅仅在某一个点上为这些人类互动进行一次抓拍，从而使之与其诞生于其中的规则结构（即制度）相隔绝。”①

① R. A. W. Rhodes, Sarah A. Binder, BertA. Rockman. The Oxford Handbook of Political Institutions. Oxford: Oxford University Press, 2006, p. 39.

历史制度主义不仅在基本的理论假设方面与旧制度主义、行为主义政治学等存在分歧，而且与同属新制度主义政治学的许多流派之间也存在着争论，其中与同属新制度主义的理性选择制度主义的争论，极其鲜明地表现出了历史制度主义作为一种研究方法的独特理论价值。与理性选择制度主义一样，历史制度主义也强调制度作为政治行为者的背景在政治过程中的无可取代的作用，但是却对理性选择制度主义的“理性假设”作了全面反思。

首先，历史制度主义者倾向于认为，政治行动者并不是知道所有信息的理性最大化者，而在更大程度上是遵循“满意而止”的规则。人们在政治中并不会在他们要做的每一项决策上停下来自我反思“什么才能使我的自我利益最大化”，在大多数情况下，他们会跟随社会规则做出的界定，即使在这种规则并不会导向自我利益最大化的时候也是这样。

第二，也是更为核心的一点是，理性选择制度主义是在假设的层面处理偏好问题的，历史制度主义则把偏好的形成也看成一个问题来对待。历史制度主义认为，不但是政治行动者的策略，而且其所追求的目标也受到了制度背景的塑造。①

当然，选择历史制度主义作为本论文的主要研究方法，并不是就此否认其他理论方法的价值，相反，在本书的具体论证过程中，也将采用一些其他的有解释力的研究方法来展开论证。尤其是对于国家财政补助政党制度而言，一些重要的行为主体如议会、选举改革委员会，甚至一些政治家个人，在制度的创建过程中常常发挥了重要作用。因而考虑到这些行为主体的能动空间，

① 凯瑟琳·西伦，斯温·斯坦默：《比较政治学中的历史制度主义》，引自何俊志等译：《新制度主义政治学译文精选》，天津人民出版社，2007 年，第 151—153 页。

选取诸如理性选择制度主义等方法，也是题中应有之义。①

二、分析框架

正如本书在文献综述中所归纳的，国家财政补助政党制度对现代民主的影响在“国家”概念中的体现是十分清楚的，国家希望借助财政补助政党制度渗透入政党、影响社会（在与国家财政补助政党制度有关的西方学者的研究中，大多使用“市民社会”一词来作为与“国家”概念同时出现时的对应概念，并没有严格区分市民社会与社会两个概念，这样做因为“公民社会这个词的另一个较早的，并在意识形态方面较少受到指责的用法是表示：社会的一部分与国家之间产生相互作用是理所当然的事情，也就是说，组成社会的人们是公民而不是臣民。这个定义不仅包括了个体公民，还包括了公民可以自愿选择加入或退出的社团和协会。不过，由于本书（指原引文）所做的研究仅限于自由民主政体，所以还是没必要对社会和公民社会做出区分。”参见［法］布隆代尔，［意］科塔：《政党政府的性质：一种比较性的欧洲视角》，曾淼，林德山译，北京大学出版社，2006年，第36页。西方学者在实行西方式的自由民主国家的范围内讨论时，几乎没有必要区分出市民社会与社会，因为后者比前者包括的内容与意义更广泛，而这两个概念在西方民主范围内应用时也不会给研究带来歧义从而影响讨论的准确性。本书也不再严格区分社会与市民社会这两个概念，在引文中也将按照西文学者

① 在理论发展的脉络中，实际上原先对理性选择制度主义与历史制度主义的划分已经不那么合适了，两者在很多方面已经有了交互影响的迹象。详细论述请参见 Kathleen Thelen," Historical Institutionism in Comparative Politics", Annual Reviews of Political Science, 1992（2）. 269 - 404。

的原文进行翻译引用。突出强调利益的分化与多元，突出强调社会的自愿联合的特征，是本书中社会概念的重要特征所在，在这方面，市民社会与社会概念也没有本质的差别。本书的社会概念包括了政党这一组织现象。因为在下文的讨论中，我们是以国家通过政党影响并控制社会这一角度展开讨论的，因此，本书倾向于认同政党是社会自发团体之一种的看法，排除了那种认为不应将政党包括在社会概念中的理论），它实际上也做到了这一点。然而本书认为，这些分析和结论对“国家补助政党制度究竟对现代民主政治带来了何种影响”问题的回答是不充分的，而对现代民主政治影响这个问题的回答却是我们进一步研究和讨论国家财政补助政党制度所不能回避的问题。国家财政补助政党制度中的行动者至少包括国家与政党两者（更广泛意义上还包括政党扎根于社会群体中的那些非党员和准党员，也就是虽然不是政党成员，但对政党事务和国家事务都保持关心关注的那部分群体），它不仅仅事关国家影响力的达成，更对政党政治产生了极其深刻的影响。要全面地回答制度对现代民主的影响，也必须从两者的角度分别进行探讨才更有意思。如前所述，西方研究政治政党的学者已经在这方面有了丰硕的研究成果，然而这些来自政党研究视角的结论由于仅仅聚焦在政党政治概念之内，因而无法与本书试图借助历史制度主义展开的制度视角的研究相替换。基于此，本书试图转移一下解答问题的角度：站在制度变化的立场上研究国家补助制度与政党的互动（而非仅仅是与国家的互动），并在此基础上建立本书的研究框架，展开分析和讨论。

按照历史制度主义的说法，研究制度的演进，既要考虑制度涉及的行为者，又要考虑这些行为者与制度演进相联系的“活生生”的历史进程。这提示我们，在制度研究的开篇，就要认真分析制度创制者、制度中的行为者的目的与意图，并在制度演进的过程中进行不断的检视。

因此，本书将主要分三部分建立分析框架。

其一，分析国家在财政补助政党制度中的主观设计目标所在，进而结合目标的达成程度，分析国家的态度变化；

其二，分析政党围绕制度产生的目标与态度的变化；

其三，分析国家与政党两者在目标、态度变化过程中的互动关系与产生变化的原因。

(一) 国家的设计目标与态度分析

从理论上讲，当然，我们很难指定具体是哪一个国家机构或部门体现出了国家在设计实施财政补助政党制度时的主观目标，但是这并不妨碍我们借助已有的研究成果对这个制度具体希望达成的目标进行分析。

西方学者对国家补助政党制度的设计目的讨论颇多，大致有以下一些看法。

有学者认为，国家补助可以在多个方面提升选举的水平。"候选人不必再花大量时间解决融资活动这一负担，他们能够将其时间和精力专注于竞选本身，以及与选民进行沟通上；公共补助资金同时有助于平衡候选人的财务来源，因而能在总统竞选时创造更公平的环境；此外，国家补助金可以通过减少融资成本①来减少整个总统选举的成本。候选人也可以将节省下来的这部分成本投入到电视广告或其他与选民沟通的技术手段中去。"②

也有学者归纳说，国家补助的目的是减少特殊利益集团及大金主对公职人员的影响、鼓励更多候选人参与到公职选举中来、减缓竞选费用增长的趋势同时也能够起到对公众进行关于选举事

① 指的是向社会公民筹集资金必须要花费的前期成本，随着西方国家的政党融资手段越来越现代化，融资成本也相应快速增加，以致成为不可忽视的一笔资金。

② Anthony Corrado. Paying for Presidents: Public Financing in National Elections. New York: The Twentieth Century Fund Press, 1993, p. 62.

务的教育作用，重塑公众对政治制度的信心。①

总而言之，我们可以从两方面归纳国家补助制度的设计目的：从具体性目标看，该制度的目的在于以国家财政手段影响选举过程：减少竞选成本、减少腐败行为的发生、弱化大企业或特殊利益集团对选举的影响、提升候选人竞选的层次、提升公民对民主制度的信心等；从原则性目标来看，该制度的实施希望通过对候选人的财政补助达到保障选举的机会平等、保证选举的诚实公平、促进公民政治参与、保证选举的开放性等。国家在此问题上的态度很明确，即支持以上目标的达成，保证整个选举过程中公共利益的实现。

（二）政党的目标与态度

政党在此问题上的态度则需要作进一步分析。

在任何党纲与声明中，政党都不可能明确地反对上述国家意图实现的任何一种具体目标和原则目标，但是政党会以种种理由，强调这些目标实现的难度，并在这个过程实现自身目标的最大化，这可以说是政党对财政补助制度的总体态度。

如果我们不反对按照理性选择制度主义的假设，将政党设定为总是希望以最小的代价获得最大利益的理性组织，那么很明显，围绕国家财政补助政党制度，政党最希望达成的目标就是对这种制度进行最充分的利用，与此同时，尽量避免因为接受国家补助金而必须遵从的、附加在其上的种种限制性条款约束。在本研究中，我们可以把政党的这种目的称为政党对国家补助制度的“工具化利用”。

因为政党自身的特点与政治功能的多样性，政党对国家补助制度的工具化利用其具体目标也是多层面的，总体而言，包括政

---

① Charles Brecher, Raymond D. Horton. Power Failure: New York City Politics and Policy Since 1960. Oxford: Oxford University Press, 1993, pp. 113 – 115.

党对国家补助制度的工具化利用与政党对国家补助资金的工具化利用两类，政党出于自身利益的考虑总是希望全面而充分地利用这种制度来达成自己的多种目的。

1. 政党对国家补助制度的利用，其目的可分为两个层面，

一是从具体的某个政党组织角度看，某一个政党为保持对另一个或另一些政党的资金优势（进而是执政优势）会对国家补助制度进行工具化的利用：尽量造成国家补助金向己方倾斜的情况出现。

二是从政党政治的整体来看，现存政治格局中的政党为了防止新的有实力挑战者的出现，或者为了防止弱小的挑战者发展壮大成为强大的有实力挑战者，也会对国家补助制度进行利用：尽量使国家补助制度的实施有利于既有的大党、老党，而不利于小党、新党（包括新的独立候选人)。

在上述的每个层面中，政党对国家补助制度的利用都包括对已经存在的国家补助制度的直接利用与通过阻止国家补助制度出现的方法对国家补助制度的间接利用两种。后者是指这样一种情况，即在某些国家里，既有政治格局下的政党努力阻止国家补助制度的实现，因为这种制度在当时情况下的实施会有利于自己的竞争对手，或者有利于一些新的挑战者的出现。

2. 分析政党对国家补助制度的利用情况还有一个重要角度，那就是政党对国家补助资金的工具化利用，其希望借此达成的目的也分两个层面。

一是最大限度地得到财政补助资金，但同时仍然能够不受约束地得到源源不断的来自社会的经费（这个目标并不与国家的目的重合，因为国家希望的是政党所能接受的捐款应受一定限制)

二是最大限度地得到国家补助金，但同时不必或者尽量少地遵守由此附加的一系列限制与约束（这两个目标有时会是重合

的，比如在某些国家，制度附加的限制就是要求政党尽量依赖国家补助金，不再向社会求募更多的资金）。

（三）国家与政党围绕补助制度的互动关系

从国家的角度来讲，向政党提供财政补助的初衷之一，就是希望政党能充分利用补助金以达到上述种种诸如减少竞选费用总开支、减弱特殊利益集团影响力、防止政治腐败等目的，但是，从目前的实践情况看，国家的这些目的往往无一真正达成，那么，这就需要我们进一步追问导致这种情况出现的原因究竟是什么：

为什么国家已经向政党提供了大量补助资金，但政党仍会以各种方式去求募更多的社会捐款？

为什么国家在提供了补助并且明确规定了附加于其上的法律约束的情况下，仍然不得不面对政党化解了约束的情况而束手无策？

这些最终都可以归结于一个问题：为什么国家会面对政党将财政补助制度进行“工具化利用”而无能为力？

下面，我们将借助上述分析框架对美国、英国、德国与日本的国家财政补助政党制度以及这种制度分别对这四个国家政党政治带来的影响进行详细介绍与比较分析，最终希望能够得到对上述几个问题的合理回答。

三、本书的章节结构

考虑到国家财政补助政党制度在我国尚无专门的论文或专著进行过研究与介绍，因而在展开本研究的问题分析与探讨之前，本书有必要辟出专门章节对这种制度的产生、发展与一些对现实政治的比较、具体的影响进行详细的介绍。基于这种考虑，本书的章节结构安排如下。

本书的结构总体上分为六章，其中第一章与第二章分别对国家财政补助政党制度的详细制度内容与这种制度的产生和发展情况进行了专门介绍。通过这部分介绍不仅希望填补国内相关研究的空白之处，也希望随后能够对引导感兴趣的研究者进入本书自己的问题探讨过程打开重要的通路，为读者理解本书的设问意义与解答思路提供必不可少的理论工具。正如下面我们将会看到的那样，同一种性质的国家补助政党资金，分配的方式不同，拨付的时间不同，对大政党、老牌政党与中小政党、新政党的影响会截然不同，这里面的制度设计往往体现了一个国家内政党政治的力量对比与对自由民主选举的不同认知重点，要体会其中的奥妙之处，就必须对制度的详细内容有一定的了解与熟悉。

本书的第三、四、五、六章分别以美国、英国、德国和日本这四个国家为个案，按照历史制度主义的中观比较方法，先将四个国家有关制度的产生、发展过程作了简要介绍，然后按照本书提出的分析框架逐一进行详尽的分析。这四个国家中，美国、英国的国家补助政党制度形式比较独特：美国的国家补助制度不仅为总统大选过程提供补助金，同时补助也覆盖到了两大政党的党内提名初选阶段；英国的国家补助制度以间接补助政党具体竞选活动为主，长期以来虽经学术界与政党的不断要求，却一直没有实施国家直接、大规模的补助政党制度。此外，英、美两国的国家补助金额在西方民主国家中均属于数额较少的一类，从形式与内容上这两个国家都具有一定的独特性与代表性。选择德国和日本也是考虑到了上述原因，从形式上来讲，德国不仅按照政党所获选票来分配补助，同样也按照政党的募捐能力多少来分配补助，不仅存在多种直接形式的补助，也存在税务抵扣、免费政治广告时段等间接形式的补助；日本的国家补助政党制度以直接补助为主，但也存在着间接式的补助，该国国家补助制度独特的一点是，这种制度的实施对该国政党的转型与政党政治生态还产生着重要的影响；德、日两个国家的主要政党都从国家那里得到了大量的补助金，但是这两个国家与政治资金有关的丑闻却几乎一直没有减少。以这四个国家为个案，应该能够比较充分地回答在西方民主国家中，国家财政补助政党制度到底对现代政治产生了何种影响这样一个问题，至少，以这四个国家为个案进行的比较研究结论，会具备相当的代表性。

结论部分，本书拟分节展开本项研究的结论内容，首先我们会对国家财政补助政党制度的制度体本身进行讨论，看看这种制度本身是否存在着内在的逻辑漏洞，以及制度在实践中是否发挥了其主观的设计目的。其次，本书将会借用历史制度主义提供的中观比较的视角与方法，对四个国家的制度实施情况与实施后的影响作详细的对比分析。最后的结论，不仅将回答本书分析框架中提出的问题，即证明政党对国家补助制度作了“工具性利用”，因而这种制度在现实中常常难以达到自己的设计目的，同时也希望将这个阶段性的结论进一步推展开来，深入回答国家与政党在现代政治中的关系在国家补助政党制度方面产生了何种性质与程度上的变化。

小　结

政党是现代政治中的重要构成要素，第二次世界大战之后政党的运作除了传统的内部融资和社会融资之外又多了向国家财政领取补助资金这样一条重要的渠道，并且由国家财政向政党提供政治资金逐渐固定化成了一种制度。国家财政补助政党制度研究既属于政党竞选研究领域也可以归属于政治资金研究的领域之内。它与政治恩赐、与国家财政补助议员、议会党团等制度现象有很大的区别，更非政党对公共资源的非法占用。本项研究聚焦于西方民主国家范围内，从国家的层面以政党为中心展开讨论。

因为历史制度主义独特的方法论特点与本书的研究内在逻辑的契合，使本书最终选择了历史制度主义作为主要的研究方法，并且致力于回答国家财政补助政党制度究竟对现代民主政治产生了何种影响这个问题。

第一章 财政补助政党：国家渗入社会的新途径

本书在之前的论述中仅简要介绍了国家财政补助政党制度的定义，这种制度在不同国家的具体实施过程中会有不同的形式及内容，依照这些具体的实施内容，我们得以将这项制度作以下详细的介绍与分类。

国家财政补助政党制度主要与政党财务问题相关、主要涉及政党的政治融资事务。在现代西方民主国家中，理论上政党有三类政治融资的途径。

第一类是内部融资，指政党内部普通党员缴纳的党费收入、政党内身兼公职的政党干部缴纳给政党的资金（主要是指作为议会成员的党员按比例将来自国家的补助交给政党的那部分费用）、政党投资收入、政党的出版物收入等；第二类是来自社会的捐款，包括外在于政党的个人捐赠、企业、特殊利益团体捐款等；第三类，就是本书要详细介绍与论述的来自国家财政的补助政党的资金。①

长期以来，党费资金都是政党传统上主要的政治资金收入来源所在，但是随着现代政党政治中政党衰弱现象的出现，这部分资金从总体上看有减少的趋势。政党虽然可以通过政党税等内部

---

① Klaus von Beyme. Political Parties in Western Democracies, English translation by Eileen Martin. New York: St. Martin's Press, 1985, pp. 196 - 202.

融资方式得到资金收入，但是当一位政党成员成为议员之后，所接受的国家津贴、工资收入终究有限，此外，政党也无法保证自己的成员在每次大选之后都能取得可观的议席，因此这部分资金所得在实践中是受到限制的。

在第二类资金收入问题上，为了防止由于经济的不平等所带来政治的不平等以及越来越多的与政治资金有关的丑闻的出现，绝大多数民主国家都立法限制企业以及特殊利益团体的捐款，而公民的小额捐款又会受到公民政治冷漠情绪的影响，因此，第二类融资渠道也不宜成为政党持续可靠的政治资金来源。

因此，第三类资金的出现恰逢其时，在德国、奥地利、瑞典等国家，由财政补助政党的资金已经相当充足。

第一节　国家补助政党制度的构成要素

从各国的实践而言，国家补助金的具体制度内容基本上都由以下要素构成，归纳起来有：

（一）国家财政补助政党制度都体现在一定的法律之中

在大多数实行财政补助政党的国家里，该制度的具体内容都体现在相关法律之中，大多数情况下反映在与规范政党有关的法律，如政党法，或规范选举有关的法律，如选举法之中。比如，爱尔兰的国家财政补助政党制度于1997年实施，相关的规范法律为《选举法》（Electoral Act）；加拿大的《选举法》（The Canada Elections Act）等都是以类似方式以法律作为制度的保障，其他如德国的《政党法》、俄罗斯的2001年《政党法》等均是在政党法中对国家财政补助政党制度加以规范，津巴布韦在其《政党资金法》中、以色列在其《政党资金法》中规定了有关制度规则，南非共和国则是在其宪法中对有关制度作了规定。

（二）国家财政补助政党制度一般都由具体的国家机构负责实施

相应地，这些国家职能机构一般都具有一定的法律赋予的对政党财务账目的监督、审查权甚至对政党违法财务账目的处罚权。比如在墨西哥，对财政补助制度的分配和管理由"联邦选举协会 I. F. E."负责（Instituto Federal Electoral）、哥伦比亚的"国家选举委员会"、新西兰的"选举委员会"、俄罗斯的"中央选举委员会"、韩国的"中央选举管理委员会"等都是管理国家财政补助以及政党财务账目的职能机构。

这些职能机构基本上都有以下特点：一是其职权都有一定的法律保障；二是这些机构的成员组成都有相当的跨党派性以保证其独立性；三是在西方国家，这些机构常常在各自国家政坛上拥有相当的权力，包括从提供调查研究报告到审计监督甚至建议立法等权力，但同时也负有一定的职责，如保证政党财务账目的数据公开、提供相关分析、统计并公布每次大选的财务数据等。

对国家补助政党制度来说，这些代表着国家权力具体执行分配补助、审计监督甚至处罚权的机构的存在尤其重要。

国家力量的缺位往往表现在与政党财务有关的制度或机构的缺位上。而这种力量的缺位一旦成为可怕现实，基本上都会引起国家补助金的猛增或者使政党财务监控形同虚设。这在一些转型国家表现得尤为突出。

以斯洛文尼亚为例，"在政治转型之后，许多新建立的政党都面临政治资金缺乏的问题，因此在转型初期出现了戏剧性的一幕：尽管这些新建立的政党为各种政治议题都吵得不可开交，但是在利用国家财政补助政党问题上却迅速达成了一致。这些政党不仅都同意利用国家财政长期且按一定增长率来补助政党，同时，一致同意删去宪法草案中的一条重要原则：政党必须公开其财务来源与资金开支去向。1989 年，国家补助政党制度实施，1994 年通过的《政党法》与《选举活动法》又正式以法律形式确认了这项制度。1993 年，该国政党接受的国家补助总额约为一亿二千三百万斯洛文尼亚托拉尔（该国货币单位，1 欧元约合 240 个斯洛文尼亚托拉尔），但仅在 1994 年相关法律通过后，1997 年该数额就急升至约九亿零三百万托拉尔（这还不包括地方政党组织接受的数额），2003 年，根据官方的正式统计数字，当年该国政党总共接受了十四亿托拉尔的国家财政补助。在接受越来越多国家补助的前提下，相关法律要求斯洛文尼亚共和国政党提交政党财务报告，但是该国却没有任何机构被法律授权对这些报告进行审查，自然也就没有机构对政党财务行为是否符合法律做出判断。"① 从斯洛文尼亚的个案中可以明显地看出，由于种种原因一旦出现国家力量或者代表国家力量的公共机构缺位的情况，那么，政党会天然地借助其在国家那部分中的优势迅速地建立起对国家财政资金的依赖，而且，这种依赖大部分情况下是排他的，对后来的政党形成政治挤出效应。

（三）国家财政补助政党制度的实施一般都附带一定的透明化、限制性条款

这一点相对政党的财务约束与控制而言。

国家向政党提供补助，其主要目的大多是为了保证选举制度的公平公正与政治资金的公开，因此常常以财政补助为条件向政党要求一系列附加条款，这种附加条款一般分两类：一是要求政党有关财务账目公开化的“透明化条款”，另一种是对政党所接受的政治捐赠及开支（主要是指竞选开支）施以最高限额的

① Danica Fink - Hafner. Slovenia: Between Bipolarity and Broad - Coalition Building, In Susanne Jungerstam - Mulders, Post - Communist Eu Member States: Parties and Party Systems. Hampshire: Ashgate Publishing, Ltd, 2006, pp. 209 - 210.

“限制性条款”。

在现实情况中，两种条款一并施加于政党的现象最为常见。

在第一类透明化条款中，一般分为：

1. 要求政党公开财务收入。包括政党接受捐赠的收入、投资收入、党报党刊收入等合法收入。

2. 要求政党公开所接受的捐款来源。一般是要求政党详细公布单笔捐赠在某个数额以上的捐款来源。

3. 要求政党公开财务支出及去向的条款，以目前能够得到的资料来看，政党财务的账目公开在世界各个实施西方式政党政治的国家都呈现出越来越详细的趋势，政党不仅需要公布本党的竞选开支，也要公布本党日常运作的开支；不仅需要公布政党的全国总部或全国委员会的开支，也要公布其各个地方党组织的开支情况。

第二类的限制性条款中，情况比较复杂，但总的来说可以划分为两种限制方式：一种方式是限制政党收入，另一种方式是限制政党开支。

限制政党收入的类型主要分为：

1. 限制个人或公司团体的最高捐赠额度，比如法国规定一个自然人最多可以捐款约五千美元、意大利规定私人捐款给独立候选人每人不得超过二千万里拉（约八千七百美元）、俄罗斯规定每人每年政治捐赠不得超过三千卢布（约一百一十美元），企业捐献不得超过二百万卢布（约七万美元）而且必须是资金捐赠，且以银行转帐的形式操作。①

2. 限制政党所能接受的最高捐赠额，如俄罗斯规定政党从私人处募集款项不得超过二十亿卢布（约七亿美元）。

3. 限制政党捐献者的来源，如对来自工会、企业集团、政

① Richard Sakwa. Russian Politics and Society. London：Routledge，2002，pp. 189.

党所属基金会组织的捐赠予以限制或禁止等。比如俄罗斯对企业集团的捐献额限定在每年二百万卢布（约七万美元）以内。

限制政党开支的方式主要分为：

1. 限制政党开支的绝对总额，即在竞选过程中限制政党及其候选人的竞选费用等。如意大利规定一个选区的候选人其竞选开支总额不得超过八千万里拉（三万五千美元）、波兰对总统竞选的总开支金额限定在一千二百万兹罗提（波兰货币单位）。

2. 限制政党开支的相对总额，即在竞选时以每个选区或每张选票为单位，规定政党平均在每个选区或者每张选票上的开支不能超出一定的额度。例如在英国，不同的选区对应不同的竞选开支限额；在新西兰，一个选区的候选人个人可以为其竞选最高支出两万元新币（约八千四百美元）。

3. 限制政党开支的去向，如像英国和法国禁止政党的付费电视政治广告等。

竞选开支有限额的国家有：加拿大、新西兰、比利时、法国、爱尔兰、意大利、西班牙、葡萄牙、英国、以色列、巴西、日本、韩国、俄罗斯、波兰、匈牙利、土耳其、委内瑞拉、墨西哥、智利、印度、博茨瓦纳、莫桑比克、津巴布韦等。

不同的限制开支方式会带来不同的效果，但是总体而言限制竞选开支的规则都会有利于现职政党或候选人，因为在开支相同的条件下，现职候选人可以凭借已有的知名度巩固选票，但新的政治挑战者花费大笔资金却可能只让选民记住了他的名字而已。

（四）国家财政补助政党资金的分配一般都遵循一定的分配原则。也就是说，对接受国家补助都或多或少地设定了一些硬性的资格条件

国家补助政党的资金总体上分为两部分：一类是直接以现金方式拨付的直接补助，另一类是以其他方式进行的间接补助，无论是直接补助还是间接补助，由于涉及公正分配的问题，因此，

其具体的分配原则是国家财政补助政党制度中的核心要素，制度设计者一般为了保证国家补助制度的效率与公平，都为获得国家补助金设定了一些分配资金的标准与资格门槛，下文将对具体的分配原则进行详细的说明与分析。

（五）对政党财务问题上违法行为的惩罚常常会在国家补助金制度上有所体现

这种处罚通常也分几种。一种是减少相应的国家补助金额，一种是仅赔付一定量的罚款，另一种是不仅要赔付一定金额而且还会影响到选举的结果，即宣布有关选举结果无效，或者有关选举重新进行，甚至追究违法责任。

但是在具体实施过程中，有关条款在很多国家都没有得到很好的执行。例如在韩国，虽然国家补助政党制度早已有之，但直到 2001 年才由韩国审计与检查委员会第一次针对国家补助政党的资金使用情况进行审计调查，而且因政党拒绝配合调查，审计工作还一度不得不宣告暂停。①

第二节　国家财政补助政党制度的分类

国家补助政党制度具体采取何种形式，取决于各个国家的历史与现实原因，与该国的政体、选举制度、政党制度乃至政治文化都有密不可分的关系，具体来讲，可以将该项制度以不同的标准作如下的分类。

（一）依照国家补助金的拨付方式不同可以分为直接补助与间接补助两大类

① Jurgen Ruland. Parliaments and Political Change in Asia. Institute of Southeast Asian Studies, 2005, p. 156.

“直接补助”是指国家直接以现金拨付的方式向政党提供财政补助，其中可以细分为：

1. 竞选经费选后返还式补助。即国家将在政治竞选有效结果宣布后，按即定分配规则向政党拨付资金，以补偿政党竞选费用，这是迄今为止采用得最多的一种方式。大多数国家如德国、奥地利、瑞典、哥伦比亚、日本等国家都采用的是这种方式。

2. 竞选经费预支。即在政党进入政治竞选之前就按照某种分配原则拨付政治补助资金，采用这种分配方式的国家比较少，美国的总统预选阶段采用的就是这种方式。

3. 配套资金（或称匹配资金）式补助。即指国家根据政党或候选人筹募到的政治资金多少，按照一定的比例给予相应的匹配补助金。采用这种方法的如美国总统预选阶段的补助。

其中直接补助还有直接补助政党或者直接补助候选人，以及直接补助政党的中央党组织或者直接补助政党的地方党组织之分。

如果采用直接补助的方式，那么在补助金的分配上，不同的分配标准与方法会得到完全不同的实际政治效果，对竞选的结果有时候会起到决定性的影响，因此，本书下面将对直接补助的分配方式作更详细的介绍分析。

除了国家直接补助的现金之外，很多国家为了使政党更好地遵守有关法规，也对政党遵守、执行有关法规产生的费用予以补助。例如在美国，法律允许政党、候选人在竞选费用限额之外再募集一定数量的社会款项，用于抵销候选人为遵守法律要求聘用专业会计、律师而产生的开支；在英国2000年的政党选举与公民投票法案实施之后的第一次大选——2001年大选之前，为了使政党更适应于新实施的《政党、选举与公民投票法》，政府提供给所有注册政党一笔启动资金，工党与保守党均获得183052

英镑，自由民主党136840英镑。[①]

“间接补助”是指国家并非直接向政党提供补助性现金，而是向政党提供免费的服务与设施。

其主要方式是1. 向政党提供免费的公营电视广播广告时段[②]；2. 向政党提供免费的国家邮政服务，以供政党向选民投递竞选宣传品；3. 允许政党免费使用集会场所、会议室、办公室电脑等场所设施；4. 允许政党免费使用海报张贴位置等。

采用这种补助方式最典型的国家当属英国，英国对所有政治竞选均不提供直接的财政补助，而是更多地采取上述的间接补助方式。更多的国家是将直接补助与间接补助结合，为政党提供全面的补助，比如德国、西班牙、瑞士和印度。

间接补助制度中实施得最多的应当算是国家给予的免费广播电视媒体时段，以供政党或政党候选人推出自己的政治竞选广告。采用这种间接补助的国家很多，其中按照免费媒体时段的分配标准不同，基本上可以分为以下五类。

1. 依据选举得票率分配时段。

实行这种分配方式的有澳大利亚（依据最近一次大选时的得票率分配）等国家。

2. 依据政党在议会中获得的议席分配时段。

实行这种分配方式的有奥地利、比利时[③]、巴西（从大选前

---

① electoral commission annual report 2000/1，EC2002，p10.

② 还有些国家强制商业电台、电视台在竞选期间向政党候选人提供一定的免费时段。

③ 因为其历史原因，比利时的大众媒体分为法语和佛兰芒语两大类媒体，两类媒体中分配标准也不尽相同，比利时的免费媒体政治广告时段的分配方法也是众多国家中最复杂的，即将政党在议会的一定席位计算为一个“分配单位”，随着分配单位的增多，可以获得的免费广告时段也会增多，但基本原则仍然是按照议会席位来分配。

两个月开始，每天均有两个小时的免费时段可供分配）、爱尔兰等国家。

3. 依据在竞选时推出的候选人多少分配时段。

实行这种分配方式的如加拿大（免费时段依照最近一次选举中获得的选票、议席综合本次选举时竞逐的议会席位多少来分配）。

4. 向所有合法登记的合格政党或候选人提供免费时段（即等比例分配）。

实行这种分配方式的国家如丹麦、芬兰、法国（每轮投票时，总统候选人均可获得两个小时的广播及电视免费时段）、日本、荷兰（给在所有19个选区都推出自己候选人的合法政党以等比例的免费时段）、挪威、以色列（每个政党均可获一定免费时段，但也综合考虑其在议会中的席位多少）、英国等国家。

5. 其他分配方法。如新西兰（给政坛上两个主要大党以均等的时段，小党则以更大的比例享受分配的份额）、瑞典（在最近的两任议会内只要拥有至少一个席位就可以获得分配，或者在全国的多数选区推出了自己政党的候选人并且拥有全国性政党组织的政党也可以获得分配）等国家。

当然，免费媒体广告时段的分配方式不同，也会对政党的竞选及政治竞争产生不同的影响。

单纯地按照获得选票的多少或者政党在议会中的议席多少来分配国家的间接补助：免费时段，与直接国家补助的分配结果一样显然会有利于政党制度中的老党、大党，造成强者更强的局面。而按照等比例分配法则会给小党、新党更多地带来部分的公平竞选机会。

（二）依照国家补助金的来源方式不同可以分为预算拨付式

补助、税务抵扣式补助、减免政党税务式补助[①]三大类

“预算拨付式补助”指的是直接来自财政预算的那部分补助资金，这种来源的补助金一般都有固定的额度，有些国家还规定固定补助额度每年随物价指数而调整。大多数采用直接补助的国家都是以国家预算作为补助金的主要来源。

“税务抵扣式补助”是指纳税人在某年度内如果向某个政党实施了政治捐款行为，那么他的部分捐款可以依照有关法律从其应缴所得税总额中扣除。

所有税务抵扣形式的国家补助政党制度都有其共性，从国家的角度看，其基本点都是希望以税务减免的形式，将来自纳税人税收的一部分间接体现为国家补助政党的资金，以期增加国家补助政党资金的总数额。从纳税人个人的角度看，其目的都是希望借助国家这个“资金经手人”，支持政党的政治活动，体现自己的政治参与欲望。

实际实施中，具体的税收抵扣式的国家补助制度还可以再细分为三种形式。

一种叫做“课税减免”（Tax Deduction），一种叫做“课税扣除”（Tax Credit），另一种叫做“税务专项基金扣除”（Tax checkoff）。

第一种形式的适用范围是应税所得，即纳税人可以用政治捐款抵减应计入税收的个人所得，以抵减后的数额为基数计算应纳税款；第二种形式的实施方式是在应纳所得税数额计算生成后，直接抵扣政治捐款数额部分；第三种则是纳税人在填写税务报表时，在指定的栏目中填写意向，表明自己是否愿意将自己税收的一部分转入国家财政补助政党的专项基金（或者指明自己将这

① 即从字面意义理解的减免相关政党有关税务税款的方式，因现实中实行这种方式的比较少，因此不再做专门论述。

笔资金付给某个政党或某位候选人)。

前两种形式的国家补助方式虽然都减少了纳税人的纳税数额，但是两者还是有些差别的。

举例来讲，如果纳税人本年度应纳入所得税计算的总额为10000元，该国的税率为20%，而本年度他向某政党的政治捐款为1000元（假设所有这些捐款都依法可计入抵扣额)，那么在第一种方式的税务抵扣形式下，他最后的应纳税额为

$(10000-1000)\times 20\%=1800$ 元

而在第二种方式的税务抵扣形式下，他最后的应纳税额为

$10000\times 20\%-1000=1000$ 元

很明显，第二种形式下，抵扣金额直接从税款中扣除，公民有更大的意愿将自己的税金转化为向政党的政治捐赠，因而第二种形式在吸引小额捐款方面更加有优势。而在现实操作中，实施税收减免的国家其国家补助政党的基金确实也都比较充足，而且也的确吸引到了更多的小额政治基金（如加拿大)。

作为间接式的税务抵扣式补助与作为直接式的配套资金补助两者既有相同点也有不同点，这两种国家财政补助形式就其性质而言，共同点是均能够起到很好地利用国家公共资源来刺激与调动社会资源以支持政党政治的作用，不同点是税务抵扣的激励对象是以纳税人为主的社会公民，而配套资金式的补助及激励对象则是参加竞选的政党或者候选人。

（三）依照国家补助金的补助范围不同可以分为对政党竞选费用的补助与对政党其他功能的补助

当然从广义上讲，政党参与竞选获得执政权也不失为其政治功能之一种，但是世界上大多数国家实行的还是针对政党的竞选费用补助，由此，得以与补助政党其他功能的补助相区分。针对政党其他功能的补助一般提供给政党的政治教育（这部分主要是特指政党内的青年、妇女等组织进行的相关政治活动)、政治

动员、政策调研等方面。

在墨西哥，2000年国家为该国政党履行其他政治功能提供了约一亿五千万美元的资金。荷兰、匈牙利、葡萄牙、西班牙都以补助政党功能为名对政党日常政治活动实行补助。当然，大部分国家是采取既补助政党竞选费用也补助政党政治功能之履行的办法。

（四）依照国家补助制度的强制性可以分为“强制性补助”与“可选择性补助”

前者指所有符合资格门槛的合法政党、候选人在选举过程中都必须接受国家财政补助的方式，这种情况下政党、候选人当然也必须接受由此附带的一系列透明化、限制性条款。目前为止，大多数实施了补助制度的国家都采取这种方式。

后者指政党、候选人可以选择性地接受国家财政补助金的制度，如果政党或候选人选择拒绝接受国家补助，一般就可以不必遵守相关的限制性条款，在开展政治竞选时，在很多时候，很多活动领域就有了很大的主动性空间。采用这种制度的国家有美国、俄罗斯等国家。

（五）依照国家补助金的调整方式可以分为按每年固定物价指数调整、逐次调整与立法调整三种

第一种方式比较典型的如美国；第二种方式如西班牙和匈牙利等，在这些国家，国家财政补助金没有固定限额，而是每年由政府重新计算，列入国家预算；第三种方式如奥地利、瑞典，都要通过年度预算案的审议或通过修改有关法律来调整补助额度。

（六）依照国家补助金的具体补助对象不同还可以作出其他分类，但是这种分类并不常被研究者所提及

比如依照具体补助对象不同可以分为补助总统选举（美国、瑞士与印度就没有针对议会选举的国家补助制度，而在波兰，议会与总统选举均可享受国家补助）、补助议会选举两种；依照补

助金接受者不同可以分为补助政党与补助独立候选人（如在匈牙利，国家补助竞选的资金原则上以个人身份参选的独立候选人也可以获得）两种；以政党接受补助金方式的不同可以分为直接拨付政党候选人、直接拨付政党中央组织与拨付给政党地方党组织三种。

第三节　不同分配方式对政党的影响

综合上述介绍可以看到，国家补助政党的分配方式令人眼花缭乱。在实践中为什么基于一种同样原则的制度设计在现实实行过程中会有如此多的分配方式呢？这些名目繁多的制度实践有何必要性呢？结合对各国相关制度的实施效果观察，基本上可以推论，其中的主要原因是，一笔同样数额的补助，以不同的方式分配给政党往往会给政党带来不同的，有时甚至是迥然有别的影响。

此外，另一个比较具体的原因是，在不同国家，财政补助政党制度的具体目标也并不相同，在德国，该制度设计时的目的就是为了防止一些极端主义小党的出现与发展，考察第二次世界大战后德国的政治史，这一制度设计的初衷相信不难为研究者所理解；在韩国，该制度设计并实施时正值朴正熙执政，因此财政补助实际成了专制政治家的工具①；在俄罗斯，同样被现实主义政治研究者发现的是，“给予政党以国家补助金（包括对选举的补

① Ferdinand, P.. Building Democracies on the Basis of Capitalism: Towards an East Asian Model of Party Funding. In Peter J. Burnell, Alan Ware: Funding Democratization. Manchester: Manchester University Press, 1998, p. 192.

助金）被看作是塑造更强势、更负责任的政党的工具。”① 不仅如此，国家补助政党制度如果采用直接补助的方式，即直接以现金拨付政党，那么，不同的分配方法带来的效果更是有相当大的差别。

在国家补助的分配标准上，无论是在学术界与现实中均存在着很激烈的争论，争论的关键在于究竟是按照简单平等原则向所有合法注册的政党平均分配国家补助呢，还是在分配补助时参考政党的代表性因素。“在实践层面上，有两种基本的原则性的意见决定着资源的分配。第一，每个政党或候选人都应被给予等同的支持，这是基于公平性的要求，也反映了各种竞选的付出是独立于带有各种政治倾向的选民的多少的。这避免了预先对候选人能够胜选与否的偏见所带来的问题。但这样做也有两个问题：1. 这使得候选人因为轻易就可以得到的资助而更不慎重。2. 对获得40%的选民支持的政党与仅有4%选民支持的政党在资源分配上一概而论显然并不公平。因此，就有了第二条规则，政党与候选人应该按照其受支持程度给予补助。最终在这两条原则结合之下，有了一个折中的办法：即每得一票都要享受同等的补助，但是在选举中要设置一个选民支持率的最低门槛，国家补助只给予那些在选举中的支持率超过这道门槛的政党。”②在实践中一般是后一种原则占了上风，但是也有国家采用妥协的办法，在所有补助金总额中一部分补助金采用平均分配的方式，而另一部分按照政党的受支持程度进行分配。

如果将国家补助金的分配标准的基础设定为公众对政党的支

① Ferdinand Joseph, Maria Feldbrugge. Human Rights in Russia and Eastern Europe. Dordrecht: Martinus Nijhoff Publishers, 2002, p228.

② Richard S. Katz. Democracy and Elections. Oxford: Oxford University Press, 1997, p. 264.

持率，那么很明显可以至少依照以下四种方式来对补助金进行分配：

一是从获得的选票上直接观察政党的受支持程度；

二是从政党赢得的席位上入手；

三是从政党筹集政治捐赠的能力上入手；

四是根据政党在国家权力机关中任职数的多少。（该项标准常常是以政党在议会中的席位来判断，而且与政党得到的有效选票多少息息相关）

这四种分配方式表面上差别不大，但是在实施中却会对国家补助的具体分配数额及后果产生很大的影响。

综上所述，如果采用直接补助、选后返还竞选经费的补助方式，那么可以选择的分配标准会有以下几种。

1. 按照在选举时获得的选票多少分配补助金。

采用这种方式的有德国、奥地利（政党在议会选举中每得一票会有 30 先令，约合 2 美元的补助）、阿根廷（政党每张选票可得约 1 美元的补助）、哥伦比亚等国家。

2. 按照选举后政党在议会中获得的席位多少分配补助。采用这种方式的有瑞典、以色列、西班牙等国家。

3. 按照政党从社会中筹得的政治捐赠多少分配补助。如美国总统初选阶段的国家补助就采取这种方式。

4. 将上述方式加以综合使用。如捷克共和国就是将政党议席与政党得票率综合计算作为分配标准的。①

在实行上述分配方式的国家中，都存在着设置资格门槛的问

① 捷克共和国的分配标准比较复杂，即将政党在国家选举中得到的票数与政党在议会中保有的议席数相结合。政党每年依照得票率可以得到最多五百万克朗的补助金，而政党在议会中的每个席位每年可以获得五十万克朗补助。下院议会党团每月可获得两万克朗的补助，每个议员可获得每月两千五百克朗的补助。

题。也就是说，即使政党依照有关法律获得了能够依法分配国家补助金的初步资格，也仅是理论上的第一步而已，政党还必须在选票或议席上超过一定数量的最低限度，以证明其社会支持广泛程度，而这也是政党获得国家补助的最低要求。

绝大部分实施国家补助政党制度的国家都存在资格门槛：对以议席多少作为分配标准的国家来说，一般资格条件都限定在至少在国会获得一个席位，或者在次国家的州、省议会获得一定席位；对以获得选票多少作为分配标准来说，资格条件的高低各不相同。高者如美国、法国政党所获选票必须达到全部有效选票的5%，澳大利亚、意大利为4%；中等门槛如西班牙、希腊、俄国为3%，挪威为2.5%；低者如奥地利、匈牙利为1%，而德国仅为0.5%。最极端的例子在挪威，所有登记在册的政党，只要该政党在一个选区的最近至少两次选举时推出了自己的候选人，就可以享受到相应的国家补助金。

就分配补助发放时间而论，先行发放竞选补助与选后发放竞选补助对政党的影响各异。对既有政治格局中的大党、老党来说，竞选补助金的发放是否早于竞选过程的开始意义并不大，因为这些老牌政党或者依靠现任公职的优势已经积累起了相当的知名度，或者依靠雄厚的组织资源早已为即将到来的大选准备了充足的资金。但是对小党或新党来说，先行发放竞选补助对知名度与资金支持均十分缺乏的新党来说无异于雪中送炭，对组织资源相对薄弱的小党来说也是其向选民传播政治政策理念必不可少的财务支持。因此，补助金先行发放一般利于小党、新党以及新候选人，不利于大党、老党；反之则对大党、老党巩固其在即存政治格局中的地位，排斥新党十分有利。像捷克共和国那样，采取逐年支付竞选费用返还补助的制度，一般而言对老党、大党也更有利。因为这样可以使他们依赖早已积累起的政治资源比较从容地规划自己的财务运作情况，逐年拨付的竞选费用成为其平时开支来源比较有保障的一部分而有选择性地使用，但对在周期性的大选年度极度需要一次性大量政治资金的小党、新党来说则相对不利，那些逐年拨付的资金往往在其日常政治活动或者维持活动中就已经消耗殆尽。

就分配补助的标准而论，如果是以所获选票、议席，或者筹得的政治捐款为分配标准，则老党、大党依凭其既有政治力量当然能够获得更多的补助资金，这种使“强者恒强”的制度明显地不利于小党、新党，而对在资源与知名度上先期占到优势的老党、大党有利。

就分配补助的资格门槛而论，很显然，更高的资格要求非常不利于小党与新党借助国家补助发展壮大，因此，在各国的实践中，补助资格门槛的升降一直是小党与大党或者小党派联盟与大党联盟之间争议不休的热点。

就具体受助对象而论，国家补助金给予政党还是给予候选者个人，从理论上来讲，对政党实现其内部控制力的影响是不同的。

给予候选者个人的国家补助金数额以目前实践中的形式看来，基本都是依据候选人的选举结果来确定的，也就是说，这部分补助金的多少是与政治竞选结果相联系的，而给予政党组织的国家补助金则并非如此——除了依据竞选结果来分配之外，许多国家同样按照补助政党政治职能的原则给予政党日常政治活动以国家补助。

国家补助金给予候选人个人的话，候选人得到国家补助与赢得竞选胜利这两个目标是并行不悖的，因此，在这种情况下，候选人如果希望在下次竞选时得到更多补助金，那么他会全力以赴经营此次的竞选，这就可能造成候选人并不过多考虑自己所属的政党或政党领袖的意见或建议，这样，结果就可能是，无论从意识形态控制和组织控制上，政党都会部分地失去自己的优势。

国家补助金如果直接给予政党组织，那么毫无疑问，政党面对所属的候选人就在资金问题上具备了更多的优势。政党可以用各种方式将接受国家补助后变得更充沛的资金补贴给予候选人，相应地，无论是政党的中央组织还是政党领袖都拥有了更多的发言权与建议权，候选人在金钱主导的竞选中，必然认真考虑政党在组织人事（这在一些实行比较复杂的选举制度的国家表现得更为明显）以及意识形态上的利益，之后才会做出自己在竞选中的策略安排。政党此时就可以将资金转化为控制力，更好地保证政党的政治意图能够贯彻实施。

因此，可以这样说，给予候选人个人的国家补助带有“反组织化”（anti－organizational）的倾向，这种国家补助会对该国的政党控制其所属候选人的愿望产生不利影响；给予政党组织特别是政党中央组织的国家补助则会通过增强政党的内部控制力而对政党的组织化与权力集中化产生正面的影响。

国家补助给予政党的中央组织与地方组织所带来的不同影响与上述的分析有很大的相似之处：补助如果直接给予地方党组织，则无疑会使其在财务问题上握有更大的发言权，对党内民主来讲一般应该是积极的促进性因素。

毋庸讳言，无论从哪个方面来讲，以上基于“政治资金—政治权力”的分析都无疑属于现实主义政治分析的范畴，这主要是因为在制度实施的过程中，绝大多数情况下，国家财政补助政党制度都会表现出很强的现实性。

小　结

国家财政补助政党制度并不是与西方民主制度或政党政治同时产生的，但作为一种新鲜事物却在越来越多的国家得到普及。国家补助政党制度一般都体现在特定的法律之中，并由具体的国家机构负责补助金的计算分配与拨付以及有关法律的监督执行。在实施过程中，国家补助金一般都附带有很多限制性或透明化的条款，只有政党遵守了这些条款，才可能从国家那里得到金钱。不是任何一个政党都可以轻易从国家那里得到补助，只有跨过了法律设定的资格门槛，比如一定的最低得票率、最低议会席位，或者一定的社会募捐额度，才能参加国库补助金的分配。对政党违反有关限制性条款的处罚一般都会在国家补助制度中有所具体反映。

按照不同的划分标准，可以对国家补助政党制度作不同的分类。依照国家补助金的拨付方式不同可以分为直接补助与间接补助两大类，依照国家补助金的来源方式不同可以分为预算拨付式补助、税务抵扣式补助、减免政党税务式补助三大类，依照国家补助金的补助范围不同可以分为对政党竞选费用的补助与对政党其他功能的补助，依照国家补助制度的强制性可以分为强制性补助与可选择性补助，依照国家补助金的调整方式可以分为按每年固定物价指数调整、逐次调整与立法调整三种，依照国家补助金的具体补助对象不同还可以作出其他分类。

基于一种相同原则的制度设计，在现实中由于分配的标准不同，拨付的时间不同，对不同类型的政党、对同一政党内部的权力分配都可能会产生完全不同的效果，国家与政党都会刻意地对分配标准与规则进行适当利用，以期达到自己的政治目的。

第二章　政党国家化的缘起：财政补助政党制度产生与发展

第一节　国家补助政党制度产生的原因

如前所述，以国库为资源向政党提供政治资金这种政治现象并不是与西方民主选举制度同时诞生的，相反，其在西方民主世界的出现是十分晚近的事，这种制度不仅仅意味着国家从国库中向政党拨付巨额的现金，同时也是国家渗透入政党，政党因而发生性质转变的标志之一，“由选举所驱动的政党其承担的意识形态变得越来越浅薄，然而却越来越在现代政治中占据优势的统治地位。这样的转变在社会转型之后已经逐渐被人们意识到，而这种社会转型不仅弱化了社会团体的认同，而且弱化了政党作为社会特殊利益表达工具的角色。现代政党还处在传统的社会与政治统合代理人的位置上，但是政党已经逐渐被看作是由赢得竞选的首要欲望刺激下的、高度专业化的机器装置。”① 当政党融资变

① Susan E. Scarrow, Paul Webb, David M. Farrell. From Social Integration to Electoral Contestation: The Changing Distribution of Power within Political Parties. In Russell J. Dalton and Martin P. Wattenberg: Parties without Partisans: Political Change in Advanced Industrial Democracies. New York: Oxford University Press Inc, 2000, p. 129.

得不仅仅是一个关乎社会领域的问题时，政党的性质也在悄悄发生变化，那么，政党的这种变化起源于何时，国家补助政党制度又是因何而产生的呢？

本章试图回答的就是这个问题。下面，我们将首先考察国家补助政党制度产生的时间范围，然后对其产生原因与条件做一下概括性的分析。

从下表中我们可以看到在一些西方国家范围内国家财政补助政党制度出现的时间，需要说明的是，表中所列国家的时间基本上以法律化了的财政直接补助制度产生的时间为准：

产生时间	国家
1959	德国
1963	奥地利
1965	法国、瑞典、韩国
1967	芬兰
1969	丹麦、以色列
1970	挪威
1971	巴西
1972	荷兰
1974	美国、意大利、加拿大
1977	葡萄牙
1978	墨西哥、西班牙
1983	土耳其
1984	澳大利亚
1989	比利时、斯洛文尼亚、匈牙利

续表

产生时间	国家
1990	捷克共和国
1994	日本、哥伦比亚
1997	爱尔兰

从上面的列表中我们可以看出，国家财政补助政党，尤其是直接以国库资金补助政党的制度，都是在第二次世界大战之后出现的新生事物，同时，考虑到西方政党制度诞生的时期，可以说，国家补助政党制度更应该算做是晚近产生的制度了。那么，为什么这种制度会集中在第二次世界大战之后的西方政治生活中出现？它的产生和出现有什么内在原因，又需要什么条件呢？

西方学者对类似问题进行过思考，有人认为“有三个原因使人们认真考虑国家补助政党的必要性。首先是政党资金的传统来源，党员党费因党员人数的减少而明显下降；其次，现代竞选技术较之以前主要靠政党积极分子进行竞选的方式更为昂贵，这使得竞选成本不断增加；第三，既然高企的竞选费用常常导致政治丑闻的出现，那么依靠国家补助金就能使候选人不必再因筹集资金而引发政治腐败。”① 这其中的前两个原因实际上都是归纳出的国家补助政党制度产生的直接原因，也就是说，是政党政治资金的缺乏导致了人们向国家财政寻求补助；而最后一个原因，也仅只是从国家选举的公平角度出发讨论的国家补助政党制度出现的理论逻辑原因之一。为了全面解答本书提出的问题，我们需要把目光投向国家补助政党制度出现的整个西方政治的大背景

① Edmund Terence Gomez. Political Business in East Asia. London: Routledge, 2002, p. 19.

之中。

历史制度主义对制度产生与变迁的理解，可能会更有助于我们对国家财政补助政党制度产生原因的探讨。

历史制度主义在把制度视为“主体”时，就会相应地强调制度与置身于其中的政治经济环境发生交互影响的现象。此时，将政治制度放置于一个复杂的因果关系场中，而不是放置于一个理论的真空环境之中，就有了重要的意义：制度产生与变迁的动力所在就能够较为清楚地加以分析，制度也不再被理解成一种静态僵化的死板条文，对制度产生与变迁的探讨也就有了新的理论基础。

当然，在各个国家里，国家财政补助政党制度诞生的直接显性原因各不相同。

有些国家是某个政党出于抵消对方政党政治资金优势的考虑引入国家补助政党制度；而在有些国家是由于与政党财务有关的丑闻层出不穷，或者某次特大政治资金丑闻之后，在社会各界舆论的巨大压力下，朝野政党才推动通过有关实施国家补助的法案，如美国和日本；另有一些国家，在国家补助政党制度推出之时，就包含着当时其他一些并非仅出于提供政治资金补助的政治考虑在内，如前文提到过的韩国与德国；还有一些国家的补助政党制度的推出，不仅是因为政党对政治资金的需要，还是出于国际政治、国内经济等因素的考虑，如以色列。虽然直接的具体的原因各异，但是，这背后共同的原因却无可争议的是，政党对政治资金的需求，以及由此引发的一系列相关因素的推动，因此，本研究认为：

（一）毫无疑问，国家财政补助政党制度出现的直接原因是政党政治资金的匮乏

虽然所有的学者都认同，政治资金的多少并不一定和政党的选举结果呈正比关系，但是也没有人否认，一定的政治资金确实

是政党赢得竞选的必要条件。经过观察我们发现，无论在第二次世界大战之前还是第二次世界大战之后的政党政治中，资金都是政党生存与壮大的必要因素，但为何唯独第二次世界大战之后的西方世界政坛上出现了政党政治资金告急的现象呢。总体看来，这是由以下原因促成的。

其一，是新的技术手段与专业竞选模式在竞选过程中的应用。

西方学者对选举费用的增长情况作过深入的研究，并分为ABCD四个阶段归纳了西方国家选举费用增减的“典型模型”。

A阶段的特征是，因为传统权威的关系，选民人数较少；经济发展水平较低；就国家层面讲选民与候选人的关系疏远，大多数选民并不认为选举真的会为其带来多少福祉，因此候选人的精力与金钱大多花费在影响各自地方选区选民上，基于说服大众的竞选技术并未发展起来，这时竞选费用并不高。

B阶段的特征是，传媒技术与服务于竞选的专业机构发展并结合起来，增加了竞选的成本，此时选民大众并不富裕也未受到过更多的政治教育；补助与经济发展水平还未达到产生出广泛的阶级利益与共识的阶段，因此选民仍然更多地依靠面对面的个人的、即时的沟通来决定投票归属。但此阶段里竞选的现金成本无疑已经大大增加了。

在C阶段里，针对选民的政治动员与经济的发展、社会阶级的划分都达到了一个相当的水平，判定社会与政治认同的因素主要是基于阶级认同与意识形态。在此基础上，政治团体与政党都会得到以志愿人力的形式参与的政治支持，虽然不同阶级的支持者之间的竞争激烈程度会相当之高，但是对竞选费用却会相较上一个阶段减少。如果阶级之间的社会与政治裂痕极深，很多政党支持组织与团体很可能会制度化，因而政党所需要的竞选资金更会出现减少的趋势。

D 阶段里，在丰裕的多元主义社会里，阶级认同与意识形态的影响都趋减弱，政治与候选人都要以市场价格购得现代传播手段的使用权，此时政治说服与寻求支持会需要更多财务资源，竞选成本持续上升。[①] 对照这个“四阶段模型”我们可以发现，第二次世界大战后的西方现代民主政治，已经十分符合上述 D 阶段的所有特征，其中对现代技术手段的市场式使用导致了大量费用的出现，这其中耗费资金最多的当属电视等媒体的政治广告费用。

“如果一个候选人能够以喷气式飞机的速度穿行全国，那么他必将比那个沿着铁路线一个城镇一个城镇地展开自己竞选的人接触到更多的选民。民意测验专家们如果能够每天进行电话调查，那么他们也必将比那些仅仅凭借支持人群的拥护程度以及人群的欢呼声来做判断的竞选策划者们更能准确地预估到公共的反应。如果竞选人能够在电视上向一亿观众发表意见，那么，他实际上是同时向如此多的人口发挥了他的影响力，而这个数字在伍德罗·威尔逊任总统时，基本上等于当时全国的人口总数。因此可以说正是这些技术的发展使民主过程更加有效率。同时，这些发展也使得竞选成本更加昂贵。……在竞选成本持续上升的过程中，最重要的影响因素是对电视的利用。1948 年的总统大选是美国竞选史上最后一次主要依赖广播作为竞选手段的大选。那次大选中，共和党在广播宣传上花费了五十万美元，民主党花了六十万美元。然而紧接下来的 1952 年总统竞选中，两党总共在广播与电视媒体上支出了六百万美元，其中广播与电视上的开支基本上是一比一。随后的 1956、1960、1964 与 1968 年选举中，用于电子媒体的开支就分别达到了九百八十万、一千四百二十万、

① Arnold J. Heidenheimer：Comparative party Finance：Notes on Practices and Toward a Theory. The Journal of Politics：Vol. 25，No. 4（Nov. 1963），pp. 808 – 809.

二千四百六十万和四千零四十万美元，每次的开支中，用于电视媒体的竞选开支都是用于广播的两倍左右。”①

也正是因为如此，在现代政治中，无论一个国家的大小、国体以及政体形式，只要其按照所谓的民主理论建立了自己国家的选举制度，也无论按照这种理论建立的选举制度是代议制还是直接民主，为了保证某一政党或候选人意见的广泛而透彻的表达，他们就必须利用现有的高效但是昂贵的现代化的媒体来展开自己的竞选。即便不考虑一些具体的宣传手段的应用，仅这部分开支就必定是昂贵的。

不独在美国，在除了禁止政党候选人电视政治广告的所有国家，广电媒体的广告费都是政党竞选时投入最大的一笔开销。②

其二，从政党形态的角度而论，政党形态的变迁与新的竞选管理模式的采用也造成了费用的迅速增长。

从政党形态变迁的角度来看，政党资金的匮乏至少有以下两个原因。

1. 在政党专业化的大趋势中，政党运作模式的转变所带来的对政治资金的需求。

第二次世界大战后的政党政治出现专业化的情况绝非偶然，这同大部分现代政党的中央机关的专业化有很大的关系，政党中央机关的专业化主要是受到现代政治形态日趋精细化、复杂化、多元化的影响。在专业化的背景下，政党中央机关的自主性有很

---

① John H. Kessel. Presidential Campaign Politics：Coalition Strategies and Citizen Response (third edition). Chicago：the Dorsey Press，1988，p. 146.

② 此外，新闻媒体对政党资金的作用不仅直接表现在造成了政党资金短缺上，新闻媒体的发达也间接对政党构成了公开资金账目的压力。随着媒体的力量增强，政治资金丑闻能够在一夜之间使广大选民知晓，其直接表现就是政治资金丑闻较媒体不发达时代“增多”，而政党因而面临着越来越大的透明化压力，因此也就更倾向于采纳国家补助政党制度。

大的提高，许多原先需要依靠政党的支持者、志愿者来操作的事务，现在则更多地依赖于专家与付薪的专业顾问的帮助。在这种新显现的政党专业化倾向的影响下，政党运转的前提就是商业化运作所必不可少的交易行为与交换原则，它带来的必然是政党对政治资金的大量需求。

2. 同样趋势影响下，政党的动员模式发生的变化。①

这指的是政党从原初意义上的社会的利益聚合工具与意见的表达工具，变得更加专业化、行政化，由此带来的动员模式从传统的依赖与动员特定的社会忠诚与支持，变为更多地关注选举结果、关注更为广泛的选民群体。政党中央机关的行为从维持政党组织、维持政党在基层社会中的支持（这是所谓大众型政党的关键要素之一），更多地转向尽最大力量动员起选民的支持（即选举导向的专业政党）。从政治影响的受众来看，政党这种动员模式的变化当然有利于其发挥更大的政治影响，但从政党的意识形态与政治原则维护的角度讲，这种新变化很容易使政党偏离原有的政治原则，成为一个以取悦大众为终极目标的泛政治政党。

实际上从逻辑的角度看，政党动员模式的变化，至少会带来两个结果：一个是本书刚才论述过的动员的重心从党员转向选民，另一个则是政党自主性提高、更少地依赖社会基层力量之后，加上政党专业化趋势的出现，会出现党员减少，进而引发政党传统上重要的政治经费来源之一——政党党费收入的减少。然而在各国的政治实践中，虽然大多出现了党员减少的现象，但党费收入却没有在大范围内显著减少，相反，从政党在实际政治运作上表现出来的态度看，其仍然很认真地对待党员党费的问题。这种现象的出现，按照西方学者的分析，主要是出于以下原因。一是政党出于政党财务的考虑不可能忽视党费这种重要的资金来

① 在这个问题上，政党专业化的影响更多一些。

源；二是占选民人口一定比例的党员及党费的维持，为政党提供了一定的合法性，同时发展党员，收取党费也是发动选民的重要途径之一；三是党员身份与党费收入也是党内民主竞争过程得以实施的资源之一。正是出于这些原因，现代西方政党并未低估党员及党费收入在政党政治中的作用，而且多采用诸如在党内选举时引入更多的民主因素，给普通党员以更大发言权等办法来体现对党员的重视。

第二次世界大战后政党对政治竞选的管理模式也发生了极大变化。

现代民主选举中的政党往往倾向于在既有的竞选规则下通过最大限度地控制竞选过程的办法来实现胜选，这样做的结果之一就是对竞选管理的集中化，即政党的党中央组织首先在人力、财力、物力上实现集中统一控制与调度，以确保有限的资源能得到最佳的利用效果；其次是集中推出自己政党的候选人，通过加强对候选人控制的办法实现控制竞选甚至在候选人胜选获任公职之后控制议会及公共权力机构；再次是多由专人负责加强与政党基层分支机构组织的联系；最后是雇用专业的公共关系（P. R.）人士，制订政党与社会各界的沟通交流策略、处理与应对各种与政党竞选形象有关的突发事件。政党此时已经与一个商业公司十分相似：政党将自己所有能调动的资源集中起来进行调配，其“市场目标”不是赢得更多顾客却是赢得更多政治选票，精力更多地投入到如何与社会各界打交道而不是认真地以政策纲领吸引与说服选民，毫无疑问，这种效法商业行为的竞选运作模式，也和商业公司的运营一样是极其耗费资金的。

其三，政党融资成本的增加也是导致政治经费增多的原因之一。

在现代国家，选举制度一般都鼓励政党向更多的选民大众融资，这不仅减轻了政党受少数大资本的影响，而且也促进了公共的政治参与。另外，在所谓的丰裕社会里，来自公众的大笔小额资金汇总起来往往能够成为足以影响政党之间政治资金力量对比的关键性因素。因此，很多国家的政党对众公共融资一直保持着很大的兴趣，“邮寄传单式直接募款”成为政党钟爱的面向公众的政治融资的首要方式。但是在小额政治捐款的筹募过程中，最重要的就是这种方式的成本与产出比例问题。在计算机没有广泛应用的时代，靠人工来确定筹款对象、投递邮件与统计账目无疑是一项极其耗费开支的事情。当然，后来计算机的出现和应用使得管理大量政党捐款人名单与捐助额的工作变得可能，邮件直接募捐所得也因此能够成为政党组织的一项重要的资金来源。但是相对而言，每笔巨额资金的募集从成本上来讲总体还是要小于同等数额的小额捐款的募集。①

其四，政党竞选所面对的社会大众群体也在发生变化，这就要求政党用新思路和新方法去适应社会，也会导致政党竞选费用的增加。

长期以来，随着西方社会多元化的进一步发展，政党所面对的选民大众也在不知不觉中发生着诸多变化，其中之一就是政党的支持者由传统“团块化”的对政纲与理念的坚定支持者变成了分散游移的大众：政党虽然在失去传统支持者的同时有了得到更多选民支持的可能，但是也不得不为说服这些数量更多、态度更难以捉摸的大众选民支付更多的账单。

一个极其有代表性的例子是荷兰的政党政治生态。由于历史的原因，荷兰社会存在着很深的社会分裂现象，这种现象不仅体现在政治层面，也同样存在于其他大部分领域。各种各样的政党构建着各种各样社会组织网络的政治表达。这些社会性组织相应

---

① William C. Binning, Larry Eugene Esterly, Paul A. Sracic. Encyclopedia of American Parties, Campaigns, and Elections. Westport: Greenwood Press, 1999, p. 84.

地与某种宗教或意识形态相联系。这些社会性组织的网络，就是所谓的“棱柱”，这些网络的全面的丛集（Clustering）就是所谓的“棱柱化”。各“棱柱”之间，主要由棱柱内的政治精英进行某种程度上的政治沟通与合作。这样就防止了分裂社会中出现分裂的政治，最终保证荷兰政治局面的稳定有序。

但是这种现象在20世纪60年代之后发生了变化。棱柱化的社会系统自身开始分解，同时有很多证据显示个人主义化的趋势开始显现。这里面，起主要推动作用的因素有：福利国家的成长、教会的转变，尤其值得一提的是电视广播等现代传媒的普及与发展，特别是一些与荷兰社会中的“棱柱”没有特定联系的广播电视媒体和商业频道的出现，使原先归属于各个不同“棱柱”的人们能够对其他棱柱内的人的所思所想有了较为全面的了解。在棱柱分解的过程中，原先保守的社会变得比较宽容，反映到政治选举过程中，整个选举都比之前变得更加开放。[①] 这种开放的后果是政党不能再寄希望于以前属于各自棱柱的比较坚定的选民，而是必须把很大精力与金钱投入到面对整个社会的政治营销中去。荷兰的例子在西方世界中虽然比较极端，但对我们理解西方政党的演变逻辑却是一个比较好的切入点。

（二）国家补助产生的理论逻辑原因更为复杂

从政党政治的角度看，如上所述，是政党政治资金出现了匮乏的现象；从国家的角度看，是国家更希望出现一个更易操控的（因而形式上必须是更“公平”的）选举环境出现；从社会角度看，是市民社会中对“干净的选举”的期望与期望难以达到而产生的政治冷漠使然。

① Rund A. Koole. The Vulnerability of the Modern Cadre Pary in the Netherlands. In Richard S. Katz and Peter Mair：How Parties Organize：Change and Adaptation in Party Organizations in Western Democracies. London：SAGE Publications Ltd.，1994，p. 278.

从国家角度看，一个形式上公平的选举过程会相对更加容易地预期其后果，因此也更加容易操控。在选举问题上，因为国家常常扮演着一个公共权力代言人的角色因而必须以保证选举的公平为原则来维护公共的利益。

有学者以利他主义（即从公共利益）的角度分析了国家财政补助政党制度产生的必要性，认为，国家补助制度的出现，是保障选举制度良好运作的需要。

“大部分的利他主义者认为，民主要求信息、意见的充分传播以及彼此相反意见之间的有益争论。这样的看法也被用来为下面的情况做解释，即用国家补助金为政党的报刊、政党采用的现代化民意调查方式、政党进行的主动式政治教育以及政党的先锋组织甚至政党的日常行政活动等里单。特别是在选举的背景下，这种观点认为国家补助金应该被用来保证候选人有充分的财力与资源来使得自己的观点被人们充分地了解。这种关注竞选过程中体现的总体性公共利益的观点因此引发了一连串的争论，即是这种公共利益而非某种观点的流行程度或持这种观点的候选人的受欢迎程度，才应该成为分配资源的真正标准。

“基本上同意利他主义观点的人会认为，在选举过程中争论的自由，仅当候选人或政党有了充足的资源使其能与选民充分地沟通时才有意义；而选民也只有对可供他们选择的方案有了充分的解释与了解之后才会有真正‘自由’投票。

“以上两种观点虽然极其近似，但是两者的着眼点却并不相同。前者基于政治参与者与发展着的‘沟通民主’，因此强调竞选对公民的影响，即强调了‘竞选’这一政治过程对选举结果的影响。一方面，潜在的政党或候选人的受支持程度是分配资源的标准，这意味着那些没有真正胜选机会的人要被拒绝给予补助。另一方面，个人发展对每一种观点都只要求足够的资源，这种对‘结果导向’的公平的看法，意味着对所有重要的候选人与政党都要提供实质上平等的资源。（尤其应该记得在比例代表制的选举制度下，或者是在法治的人民主权或自由民主的理论背景下，政党或候选人是否能够生存仅仅取决于是否有真正的赢得一个议席的机会）

“第三个对国家补助的支持性看法是，现代竞选的开支使政治家过度依赖主要的大额献金者。重点就从目前的竞选转移到了未来的竞选对那些在任的公职人员的行为的需要的影响。对这点的关注可以通过在任者或执政党的补助金来解决。当然，这会不可容忍地打破公平的基本形式，但是在更令人满意的形式上这种观点与将补助限定在或者说集中在大多数主要竞争者身上的观点是一致的。

“最后，一个很少被政客们说出来但是有时由政治评论家灌输给他们的观点是，国家补助给予政客后可以使政客们摆脱对其所属政党成员们的依赖。如果领袖对胜选与对公共利益的治理更感兴趣，而可能的捐款者是更极端的人或对意识形态的纯洁性更在意的人，也许对政党来说更好的是仅仅在民意调查时依靠选民的支持。”①

从市民社会的角度看，政治选举的结果影响到社会中各个群体利益的达成，最终决定着社会总的“公益”能否更好地实现，选举过程的公平与否事关所谓的“程序正义”因而对其来说反而更具重要性。在选举中对竞选资金的来源和使用不加任何限制，各种各样的政治腐败就会出现、政治资金就会成为各种利益集团向政党施加影响力的有效手段，政党也会成为利益集团寻求自己特殊利益的工具，这时社会大众的利益究竟还能由谁来保证就是一个十分值得怀疑的问题。在此基础上对现实政治失去信心

① Richard S. Katz. Democracy and Elections. Oxford：Oxford University Press，1997，pp. 263 –264.

更是西方学者普遍担忧的现象。但是如果这时对政治资金进行过于严格的限制，那么在西方国家宪法中多加以明确规定的“言论自由”的权利就会受到影响。

正是在这三个部分的逻辑交汇点上，国家财政补助政党制度出现了：因为国家补助金来自国库，并且其分配至少按其声称的是按照选民投票所表现出的民意，所以可以保证资金来源上的公开透明，又因为国家补助金往往数额巨大，因此，可以在不影响所谓“言论自由”的前提下，对参与政治竞选的政党或候选人发表和传播自己的政见提供资金支持。至此，至少在理论逻辑上，国家补助政党制度得到了自己的合法性。因此也无怪乎西方国家一旦有政党资金丑闻被曝光，报刊媒体上就会立即出现呼唤进一步深化国家补助制度的文章。①

（三）德国在国家财政补助政党制度的普及化方面起了很大的示范作用

这是国家补助政党制度得以普及开来的一个比较具体的原因，但是偶然性的表象之下，细细探究，仍然隐藏着某些必然的因素。

国家财政补助政党制度在德国的实施，使之成为西方国家里从法律形式与制度形式来讲最早实行了该制度的国家。本书将辟出专门的章节以德国为个案对其制度的产生发展与实际影响做详细介绍。但是即使在对德国制度细节不甚了解的情况下，考察国家补助政党制度的发展也能够使我们看出，德国制度的示范作用不可小视。

德国在建国之初就在其宪法《基本法》中对政党的地位作了明确表示，并且在随后的《政党法》中对国家财政补助政党

① 由于精力所限，很难对这种情况予数字细化的方式描述，但观察相关的媒体与政治事件的联动，基本上都能很容易地看到这种现象。

制度作了详细的规定，历经数次修改之后的德国《政党法》成为大多数西方国家在设计自己的国家补助制度时必然参考的制度标本。同为西式民主制度下的美国、英国等国家在其政府主持的政策调研报告中对德国制度不厌其烦的介绍与分析的原因就在于此。

第二节 国家补助政党制度产生的条件

除了这些背景原因之外，国家财政补助政党制度的产生也需要某些特定的条件性因素。

一、现代西方国家政治形态是国家补助政党的先决条件

这是指在第二次世界大战之后的现代西方国家里，随着现代政治的演变，政治生态中传统的左翼、右翼的分界渐趋模糊，民主制度与选举制度等制度形态逐渐稳定下来并广为社会大众接受，政治社会可资利用的技术手段已臻成熟的一种形态。

在第二次世界大战之前的西方社会，左翼意识形态及持这种政治信仰的政党的存在，是西方民主制度内部一股极具颠覆性的力量，虽然现当代政治舞台上这股力量在西方呈减弱之势，但左派政党在国家补助政党问题上的一贯原则使他们成为了反对国家补助制度的中坚力量。然而随着第二次世界大战后政治格局的变化，左派思想号召力的减弱已是不争的事实，第三条道路的提出和广泛实践、传统左派政党的转型也都人所共睹，于是，这些原本可能成为国家补助政党制度的激烈反对力量的政治势力，其衰

弱或转型，也造成了国家补助政党的出现成为可能。

随着最后一股政治批评力量的衰弱，西方国家民主制度中政治制度与选举制度得到了相对平缓与稳定的发展，这种趋势也为国家补助政党制度的产生提供了可能性。

二、现代国家财政制度为补助政党制度提供了经济保障

现代国家财政的共同特点就是国家在财政分配中占据着不可动摇的主体性地位，因此可以说，无论是在已经富裕起来的老牌西方资本主义国家还是在即便不甚富裕的新兴民主国家，一旦现代主权国家建立，与其相应的国家财政制度也相应确立，随之而来的自然是国家作为财政收入与分配的主体性地位不可动摇，那么，国家补助政党制度中补助金的提供与分配就有了实体性的制度保障。因此我们就可以理解，为什么即使在非洲一些经济数据上远远未达到西方发达国家标准但却实行西方式民主的国家，也存在着国家财政补助政党制度，哪怕这些国家的人民更多的是正在为基本的温饱问题担忧。

三、现代社会形态为国家补助政党制度的产生提供了可能性

这是与传统社会形态相比较而言。“在传统国家中，大多数的日常生活，至少说在农村是处于国家的行政权力之外的。大多数的当地社区是依据其传统的风俗和生活方式而实行自治的，对大多数的私人活动形式，行政机构是不大干预的。……在现代社会形态中，国家与市民社会作为相联的转换过程而得到共同的发

展。令人困惑不解的是，此一过程的条件恰恰是国家对日常行为的许多方面施加影响的能力之所在。……公共领域是国家的领域，而私人领域是指对国家的监控活动的侵扰予以抗拒的那个领域。由于国家是法律的维护者，从这个意义上来看，私人领域部分是一种法律界定的活动。这并不是说私人领域与国家范围的事无关，国家也会以一种积极的方式来帮助界定私人的权利和特权人物的权利。”①

吉登斯对现代社会形态的思考提示我们，国家在现代社会形态下发展出了一整套影响社会的能力，就政党财务问题而言，这种能力很大程度上是指成熟的技术控制能力——所有实行财政补助政党制度的西方国家无一不具备这种能力。以瑞典为例，在最早一批实行国家补助政党制度的国家中，瑞典的国家补助与同一批国家，如德国，一样以方式多样、资金数额巨大著称，“百分之九十九的瑞典人都会进行选举登记，高度集中化的登记系统是实现这一过程的关键。国家税务委员会负责人口、税收、选举活动登记等事务，因此这个国家的二十四个郡与首都斯德哥尔摩一样都实现了计算机化管理。计算机生成各类名单，当然也能很容易地生成选民名单。居民无论搬家还是移民，按照法律，都必须在其目的地于两周内通知地方当局否则将依法受罚。……这个系统是如此有效以致集中处理过的各郡的个人资料都可以轻易实现每周更新。”② 类似瑞典这种配备了高科技手段进行管理的国家税务委员会之类的机构，不仅是现代选举制度的基础，也是国家补助得以实现的必要条件之一。这种管理与控制能力的背后，是

---

① 安东尼·吉登斯：《现代性与自我认同：现代晚期的自我与社会》，赵旭东，方文译，三联书店，1998 年，第 177 页。

② William J. Crotty. Political Reform and the American Experiment. New York: Thomas Y. Crowell Company, Inc., 1977, p. 75.

技术力量高度发达的体现，这是国家能力得以深入到社会领域的依靠力量。

依凭这种直入社会的能力，国家并不难于实现对私人领域的干预，尽管这种干预常常以“适度”为旗号，以“帮助自由的实现”为借口。这时，国家对私人权利的界定，尤其是对特权人物、特权组织权利的界定，也无疑是有着相当合法性的。西方学者常有的那种“国家以保障公正为名向政党提供补助资金，借以控制政党并渗透入社会领域”的看法，也就成为对国家补助政党制度合理的解释之一了。

第三节 国家补助政党制度在当代的发展

西方国家的国家财政补助政党制度自诞生以来，从形式到内容都产生了很大的变化，而且出现了向所有实行西方式民主的国家普及的趋势，本书从两个层面介绍国家补助政党制度的发展。

首先，就实行这种制度的西方国家整体而论，几乎每个国家的国家补助政党制度都经过了阶段性、递进式的发展。尽管各个国家通向这个制度的路径都不相同，但并不妨碍西方学者归纳出这种制度发展的一般脉络。在一项针对欧洲四个国家的有关研究中，学者归纳出了国家补助政党制度发展的“三个典型性阶段”。这三个阶段对其他实行类似制度的西方国家来说也是适用的。

第一阶段（1954—1974 年）也叫“实验期”，在这个阶段里，先是当时的联邦德国在 1959 年，后是奥地利在 1963 年，瑞典在 1965 年，最后是意大利在 1974 年实行了这项制度。这个阶段的特点是各个国家对这项制度本着试验的态度，意大利可以说是对这个制度的实施最审慎的国家，它也因此在时间上横跨了第一与第二阶段。

第二阶段（1967—1982 年）也叫“扩展期”，在这个阶段中，所有实行该种制度的国家逐渐通过引入新的补助项目扩大了财政补助政党的范围。除了德国之外，几乎所有国家的补助金额都急剧提高，补助范围从政党的竞选费用到政党教育与调研的费用，从补助政党的基金会组织到补助政党的议会党团。这种趋势发展到极致的一个标志是到 1979 年，欧洲议会的竞选也有了“公共补助”。

第三阶段（1974—1982 年）也叫“调整期”，在这个阶段里，对所有实施相关制度的国家来说，最急切的问题就是如何根据通货膨胀的变化来调整国家补助金的额度，以使政党实际得到的补助金不致因物价上涨而受到影响。这时，先前在法律中规定了“补助金根据通胀指数调整”的国家基本上没有遇到大的问题，而那些只规定了补助定额的国家就不得不通过一次又一次的立法来调整不断贬值的补助金了。面临此问题受影响最大的是瑞典，先后于 1974 年、1975 年、1977 年、1982 年和 1984 年通过五次修改有关法律来调整补助额度。①

其次，就国家补助政党制度在世界上的整体发展而言，一般呈现出由西方国家向实行西方式民主制度的国家普及的趋势，发展中的特点表现为，补助金的总金额逐步提高；财政补助政党的涉及范围逐渐增多；但同时附加在国家补助金上的透明化与限制

---

① Karl – Heinz Nassmacher. Structure and Impact of Public Subsidies to Political Parties in Europe：the Examples of Austria，Italy，Sweden and West Germany. In Herbert E. Alexander：Comparative Political Finance in the 1980s. New York：Cambridge University Press，1989，pp. 238 – 240.

化条款越来越多，也越来越严格。①

需要着重说明的一点是，根据目前的资料，很难从国家财政补助政党制度在各国实施后的现象中归结出一个明确的总趋势。一般而言，国家补助政党一旦在某个国家建立，基本的趋势确实是国家补助的范围领域逐渐扩大，从补助政党的竞选到补助政党的其他政治活动、从补助政党的党总部到补助政党的功能性组织、从直接补助发展到间接补助，总体而言反映在补助数字上就是补助金额的不断攀升。但是，这只是一个一般的概括，在现实中，不仅有国家补助制度实施后政党竞选费用增多的现象，也有政党竞选费用减少的阶段；不仅有先补助政党的党总部后来进而逐渐补助政党的功能性组织，而且有先补助政党的功能性组织后来发展出补助政党的党总部的例子；不仅有先提供直接补助再提供间接补助，也有先发展间接补助，后推出直接补助的现象。

具体到某个国家，不仅国家补助的数字不一定会持续增长，而且会出现国家财政补助政党制度被公民投票否决而取消的情况。如在意大利，早在1974年就实施了国家补助政党制度，补助金不仅提供给所有在议会拥有议席的政党，而且相应政党的中央党总部的日常开支与竞选费用均享受相应的国家补助。但是这项制度的实施非但没有对蔓延于意大利政坛的非法政治资金与腐败活动起到任何抑制作用，反而从资金方面助长了类似行为。非法政治资金与腐败行为激起了人民的反感，最终意大利人民通过1993年举行的公民投票取消了国家财政补助政党制度，取消了所有种种针对政党的补助金，代之以仅提供给政治竞选候选人而非政党的返还式补助，并且也仅针对候选人的竞选费用提供补助

① 当然，也不是每个国家里财政为政党提供的补助金都保持充裕状态，例如在巴西，政党虽然每年都接受名为“政党基金”的国家直接补助款，但是其绝对数额却十分少，政党和候选人仍然极度依赖从社会募得的资金。

返还。①

由此可见，上述的总体性趋势只能说是一种理论印象，即只是从国家补助政党制度总体来看得到的不甚精确的理解性概括，而非结论性概括。

小 结

国家财政补助政党，尤其是直接以国库资金补助政党制度的出现，从世界范围来看都是在第二次世界大战之后出现的新生事物。在不同的国家，财政补助政党制度诞生的直接显性原因各不相同，但其背后的共同原因却均是政党对政治资金的极度需求，以及由此引发的一系列相关条件性因素的推动。新的技术手段与专业竞选模式在竞选过程中的应用、政党形态的变迁与新的竞选管理模式的采用、政党融资成本的增加以及政党竞选所面对的社会大众群体发生的变化均导致了政党竞选费用的飞速增加，这使政党政治资金出现了匮乏的现象，成为国家补助政党制度出现的直接原因。国家补助金的分配标准一般是按照所谓选民投票所表现出的民意，因此可以保证资金来源上的公开透明，并且可以在不影响所谓“言论自由”的前提下，对参与政治竞选的政党或候选人发表和传播自己的政见提供资金支持，在理论逻辑上，国家补助政党制度也能够在西方民主理论内找到自己产生的合法性。此外，德国在国家补助政党制度的普及化方面起了很大的示范作用，这是相关制度能够得以产生的一个不可重视的具体原因。现代西方国家的政治形态是国家补助政党制度的先决条件、

① Martin Rhodes. Financing Party Politics in Italy: A Case of Systemic Corruption, in Martin J. Bull, Martin Rhodes, Crisis and Transition in Italian Politics. London: Routledge, 1997, p. 54.

现代国家的财政制度为国家补助政党制度提供了经济保障，最后，正是现代社会形态本身为国家补助政党制度的产生提供了可能性。国家财政补助政党制度自诞生以来，从形式到内容都产生了很大的变化，而且出现了向所有实行西方式民主的国家普及的趋势。

第三章　直接可选择补助：隐蔽的工具化利用

自本章开始，本研究将开始分别对美国、英国、德国与日本四个国家进行相关探讨，之所以选择这样四个国家是基于以下考虑：

国家补助政党作为一种制度现象有形式与内容的区分。

从制度形式上来说，这四个国家各具特点又不乏相似之处。美国是少数实行既补助政党的总统竞选过程又补助政党党内候选人初选过程的国家之一，这种补助制度从总体上来讲极其稳定，虽然受到了越来越多的挑战，但大的架构始终没有改变；英国属于少数始终没有实行财政直接补助政党的国家之一，这种直接补助的方案虽然早已提出，但总是因为各种原因而没有得到实施；德国作为最早实行这种制度的国家，起到了某种开拓者与引领者的作用，其相关法律制度常常作为其他国家学习与借鉴的蓝本，对国家补助制度在第二次世界大战后各国的广泛实行起到了很大的示范效应；日本的财政补助政党制度则与其不断曝光的政治资金丑闻关系密切，经过多次修正，该制度于日本这个在政治制度上已经归属“西方”的国家里巩固下来。以上所有国家的财政补助政党制度自建立之日起都没有经过大规模的、颠覆性的改变，其基本框架依然沿用至今。

从制度内容上讲，美国和英国属于财政提供的政治资金占政党总的竞选费用比例较小的国家，而德国和日本则以国家补助占政党财务资金的绝对大比例而著称。可以说选取这四个国家，既考虑到了研究案例的独特性，又照顾到了所选取样本的代表性，不仅有利于本书所讨论的“国家补助政党制度带来的影响”这一问题的深入展开，而且也会在案例选择上帮助提升本书结论的说服力。

按照本书的分析框架设计与命题假设的解析思路以及本研究所选取的研究方法的逻辑理路，本书对这四个国家的比较研究将以如下结构进行安排。

首先，在对每个国家的有关制度展开介绍与分析之前，先把各个国家的相关政治制度概况加以介绍。

本书遵循历史制度主义的研究方法与思考路径，而历史制度主义强调历史秩序、时间秩序，对理解包括政治制度产生与变迁在内的政治过程有着重要作用，因此必须以历史资料为基础进行研究。这也要求研究者对相关背景条件的关注，以及将背景条件纳入时间框架下的尝试。因此，在分别展开对各个国家的国家财政补助政党制度的论述之前，必须将这种制度产生的政治制度背景作比较全面的介绍与阐述。具体到各个国家中，将首先介绍各国有关的政治制度背景，包括该国的政体架构、选举制度与政党政治概况，所有这些制度背景介绍都是我们深入讨论国家补助政党制度所必须了解的背景资料，在下面的论述中，我们将会看到其在各国的不同表现而带来的对国家补助政党制度产生的重大影响。其次，本书将依次分析各国补助制度的详细沿革与演变过程，以及在现实中表现出来的各个国家相关制度的不同特征。在分国别进行论述的第三部分，本研究将按照前述的分析框架，详细分析各国有关制度在实施之后对该国政治带来的实际影响，以及政党与国家同这项制度的互动过程，此外就是这种制度究竟在何种程度上对政党产生了影响。

第一节 美国财政补助政党制度的产生

众所周知，美国是实行联邦制的宪政国家，其联邦层面的架构包括在三权分立原则下建立起来的代表立法权的国会、代表行政权的总统与代表司法权的最高法院。总统既是国家元首也是政府行政首脑，对国会通过的法案有一定否决权。国会分为参众两院，众议院议员根据各州人口多少选出，参议员按每州两名的数额选出，一直以来美国的参众两院均是由民主、共和两党依选举结果而轮流把持。由于美国国家补助政党制度中没有针对议会选举的国家补助制度，因此这部分并不是本研究的论述重点。①

美国的选举制度由宪法、相关宪法修正案、《联邦选举竞选法》与《两党竞选改革法》等有关法律进行规范，后两部法律也是规范美国财政补助政党制度的主要法律。

在美国早期的选举史上，大部分的竞选开支是由候选人自己负担的。当时的竞选开支相对极少，仅只是一些发放竞选宣传册、在公共竞选集会时向支持的选民提供食物的费用而已。候选人更多依赖自己的个人知名度和声誉来赢得选举。竞争与辩论也更多地发生在一部分有产的白人选民之间。1828 年，自从马丁·冯·布伦（Martin Van Buren）在美国选举史上开风气之先组织起了第一个面向大众的竞选团队之后，资金问题对竞选的影响开始变得重要起来。

① 当然，这并不代表美国没有针对议会的国家补助不是一个需要研究的问题，相反，在很多国家，补助制度涉及与否，在现实中也是一个极具意义的研究课题，但在本部分探讨中，由于篇幅和研究重心所限，这部分内容仅在有所涉及时加入论述。

竞选经费的开支此后不再仅仅限于在公共集会时向政党、候选人的支持者提供食品与饮料的费用，而是包括了报纸广告、印制并分发传单等新的开支。这时，作为大众政党，政党的财务来源主要还是来自在政府中任公职的政党成员缴纳的所谓“政党税”。以 1978 年为例，民主党全国委员会所筹资金中有大约 90% 来自政党税。然而 1883 年通过的《彭德尔顿法》宣告了美国公务员制度的建立，政党成员在国家机构中的公职身份被突出，而政党成员身份被压制，此后政党税收入逐渐减少，与此同时，来自富有的个人以及大企业集团的政治捐款多了起来，并且大有主导政党财源之势。

1888 年，共和党的全国竞选资金中约有 40% 来自宾夕法尼亚州的商业与制造业利益集团，其地方政党竞选资金更是极度依赖利益集团的资金。民主党的财务来源中大集团资金的比例较少，但更依赖于富人的捐款。1904 年民主党的联邦总统竞选资金中，仅来自两个企业主与银行家的捐款就占了 75%。到 1928 年，民主、共和两党的全国委员会所接受的政治捐款中，来自单笔 1000 美元以上的大额捐款就分别占到了 69.7% 和 68.4%。[①] 为了解决这一时期与大额捐款相联的一系列问题，美国最高法院通过了一系列法律，希望借此规范选举过程中政治资金的运作。这其中包括 1907 年的《狄尔曼法》（禁止企业集团与国家银行向联邦竞选的捐款）、1910 年的《联邦腐败行为防止法》（以及随后的修正案规范了联邦议会选举）、1925 年的《联邦腐败行为防止法（修正案）》、1939 年的《汉齐法》（主要目标也是规范议会选举）、1947 年的《塔夫脱—哈特利法》（禁止联邦选举过程中来自工会与企业集团的政治开支与捐款）以及它们的一系

① Bradley A. Smith: Faulty assumptions and undemocratic consequences of campaign finance reform. The Yale Law Journal, Vol. 105, No. 4. (Jan. 1996), pp. 1053 - 1091.

列修正案。（脚注：1910 年联邦腐败行为法（Federal Corrupt Practices Act of 1910）是美国首部要求政党与候选人公开竞选财务的法律。此法也叫 1910 年公开法（the Publicity Act of 1910）。该法要求政党的全国委员会在选举后公开自己接受捐款与花费的竞选开支的数额。该法于 1911 年做了修改，此次修改加入了对竞选开支实施限制的条款。1925 年，该法最终确立了对政党竞选开支的限制。在 1971 年联邦选举竞选法生效之前，该法律一直发挥着对政治竞选财务进行监管的作用。联邦腐败行为法与许多产生于它之前的竞选财务规制法律一样，也是对美国政坛上屡禁不绝的政治资金丑闻的反映。总的来说，这些法律主要致力于解决以下四个方面的问题：

（1）限制捐款以保证富人和特殊利益集团不会对联邦选举施加不成比例的影响；

（2）禁止联邦竞选过程中某些来源的资金；

（3）控制那些会对捐款者与求募者产生互相依赖的开支；

（4）要求竞选财务账目公开，以防止对资金的滥用以及以此教育选民。然而所有的这些法律都没有创制出一个可以有效管理竞选财务的机构框架，因而这些法律的实际执行效果大打折扣。①

这时已经有美国政治家在认真研究以国家财政补助的方式来补充政党竞选经费的问题，当时的参议员罗素·朗就是其中的积极推动者。1966 年罗素·朗提出一项有关国家补助政党的计划，目的在于减少富有的捐款者对政党的影响。该项计划基于“一人一票”的民主原则来资助总统竞选过程。朗的想法是在总统选举中以政府补助金的形式，对政党候选人所获得的每一票给予 1 美元的补助。政党将获得的这笔钱用于给付总统竞选过程中所

① FEC：Twenty Year Report. 1995. P7. http：//www. fec. gov/pdf/20year. pdf.

产生的支出。根据朗的设想，这项计划将会对选民发挥一种诱导性的作用：选民的一票不仅会反映出他对候选人的选择，而且会帮助他所中意的候选人解决竞选公职所产生的一部分费用问题。

但是当时民主党在 1964 年的总统大选中得到了大多数的选票，而且民意调查显示民主党在即将到来的 1968 年选举中仍会得到明显多于共和党的选票，所以罗素·朗的提议没有得到共和党人的支持。之后，参议院财政委员会修改了朗的提议，将其确定为目前的由纳税人在纳税单上自愿扣缴的形式，后来经过数次修改，罗素·朗最初的由候选人所得的票数来决定国家补助金多少的提议也变为了由纳税人在纳税单上自愿扣缴，扣缴的金额由国库拨付给“总统选举活动基金”（Presidential Election Campaign Fund），只有明确表示愿意遵守竞选开支限额的政党才能够拿到补助。1971 年的美国《税收法》也因此作了相应修改。

值得一提的是在这项制度实施之前，1973 年美国议会对其作过两点修改。其一，这项制度的本来意见是，由纳税人在自愿扣缴支付给政党的所得税时明示这笔钱将分配给哪个政党，但议会将其修改为所有纳税人的扣缴税款直接转至“总统选举活动基金”，同意接受竞选开支限额要求的政党可得到与竞选开支限额等额的国家补助金；其二，议会以促进政治参与的名义，决定将国家补助金直接拨付给总统候选人的竞选委员会而非政党，同时国家也对政党的总统候选人初选提供比例为 1∶1 的匹配补助金。[①]

1971 年《联邦选举活动法》通过，这部法律以及随后通过的 1974 年修正案奠定了美国国家财政补助政党制度的基本原则与框架，成为美国选举史上规范政治资金问题的第一部标志性

① Anthony Corrado. Paying for Presidents: Public Financing in National Elections. : Twentieth Century Fund Press, 1993, p. 8.

法律。

发生于1972年的“水门事件”以及由此事件的调查而曝光的一系列与政党资金有关的丑闻直接导致了美国社会舆论对国家财政补助政党制度态度的转变，“根据盖洛普民意调查，自1972年以来，大多数公众均支持对总统和议会选举提供公共补助。尤其是在尼克松时期发生的竞选资金丑闻被揭露之后，国家财政补助竞选的支持者达到了65%甚至更多。”①

“水门事件”以及由此曝光的政治资金丑闻直接导致了1974年《联邦选举活动法》（Federal Election Campaign Act，FECA）修正案的诞生。随着1974年FECA修正案的通过，美国政府同时对1954年美国国内税收法（Internal Revenue Code）做了相应修改。自此美国国家财政补助政党制度的框架基本固定下来，除了议会在1993年将纳税人的所得税自愿扣缴额由每人的1美元提高至3美元之外，并没有进行过根本性的改动。

第二节 美国国家补助政党制度的沿革及特征

一、美国国家补助政党制度的基本内容

如前所述，1971年的FECA以及1974年的FECA修正案不仅奠定了美国规范政党资金问题的基本法律框架，也成为美国国家财政补助政党制度的主要法律依据。美国1976年总统大选是1974年FECA修正案实施后的第一次总统大选，也是第一次正

① Give candidates option of public financing for races. USA Today, Section: News, Pg. 19a JUN 27, 2006.

式向两党提供财政补助的大选。此后，经过 1976 年、1979 年的几次修改，FECA 的法律框架进一步完善，其基本内容有：

1. 由联邦政府出面在总统选举过程中向有关政党提供财政补助。这笔补助的来源是由“总统选举活动基金”支付，该基金的来源为纳税人本着自愿原则，在每年填报的所得税纳税单的指定位置打勾，表示自己愿意向选举基金缴纳 1 美元的税金（1993 年之后因为基金总额呈现减少态势，故重新立法改为认缴 3 美元），所有财政补助政党竞选的经费均来自此基金。①

2. 国家向政党总共提供三个类别的补助：一是提供给两个政党的党内总统提名竞选阶段的补助；二是提供给政党决出各自总统候选人的全国大会的补助，这部分补助直接提供给政党，而非候选人的竞选组织；三是提供给各政党候选人的、补助其总统竞选的补助资金。

第一类别的补助金主要是以“匹配式补助金”的形式发放。两个政党内部所有希望角逐总统候选人提名的政治家都可以申请此项补助，但是为了证明其受支持程度，1974 年 FECA 修正案规定，候选人必须首先在 20 个以上的州募集到总数 10 万美元以上（即每州至少 5000 美元）的捐款，而且这些限制在总数额之内的捐款必须都是由每笔不超过 250 美元的来自个人的小额捐款构成。显然，这样规定的目的是为了鼓励候选人向为数众多的个人而非几个大金主募集资金。

匹配式补助资金在分配上也有具体的要求：每笔捐款中，只有头 250 美元能够被计入匹配资金数额，其余数额不被计入。这

---

① 除了直接补助外，美国以前还存在过一段时间的税务抵扣式的制度，即纳税人可以依法从其应纳联邦所得税中减免自己的政治捐款。美国州一级的税务抵扣制度中有的实行课税减免，有的实行课税扣除，而联邦层面以前实行的是课税减免制度，后在 1986 年被里根总统以此类补助会增加联邦政府的政治选举总成本为由废止。

样规定的目的也很明显，同样是为了鼓励候选人向广大支持者而非大额捐款者募集资金。

举例来讲，如果一个候选人分别向四位支持者募集到了四笔，每笔数额为250美元的捐款，那么，他能得到的国家匹配资金就是1000美元；如果另一位候选人向某一位支持者募集到了一笔1000美元的捐款，那么，他仅能得到250美元的国家匹配资金。即便候选人选择不接受国家补助金，他也不能接受来自个人的，多于1000美元的捐款（2002年后这个限额是2000美元）。

匹配式补助金有固定的金额总数，即以1974年的1000万美元的50%为准，每四年按照生活成本数据（Cost - of - Living Ajustment，COLA）调整匹配式补助金的总额。选择接受这笔补助金的政党必须同时接受联邦政府对总统初选阶段所设的竞选开支限额，这个限额数等于：可接受的匹配金总数×2+融资成本例外数额。①

补助金拨付给各个政党总统初选竞争者的竞选委员会，拨付时间为每个大选年的1月1日。

第二类别的补助是直接拨付给政党，补助其召开全国代表提名大会的资金，在民主、共和两党的全国代表大会上，来自全美国的两个政党的代表分别选出本党最终有资格代表本党参加总统竞选的候选人。这部分资金也是固定数额的补助，具体为以1974年200万美元为准，每四年根据指数调整。

第三类别的补助是提供给总统候选人竞逐总统宝座的竞选补助金。这部分补助金提供给所有总统候选人，其数额固定，与总

① 这部分数额的规定是为了鼓励政党向社会融资而设，也有部分诱使政党遵守联邦选举有关法律的作用，其具体数额是以1974年的200万美元为基数，每四年按生活成本数据调整。

统竞选的开支限额相等，[①] 1976 年是 2180 万美元，以后每年根据“生活成本数据”（COLA）调整。接受了这部分补助的候选人也必须接受联邦法律为总统竞选而设置的竞选开支最高总限额，其具体数额为：总统大选的开支限额 + 政党联邦开支限额（这个数额的计算方法是美国达到投票年龄要求的人口数 ×0.02 美元 + COLA），1976 年大选时这笔数额为 2500 万美元。

这部分补助金不仅提供给民主、共和两党的候选人，也会在选举之后提供给获得了全国有效选票中 5% 以上选票的新政党的候选人或者独立候选人。在 FECA 条款下，主要政党的总统候选人如果接受了国家补助，也就是接受了与总统选举费用限额数相等的补助金，在 2000 年是 6700 万美元。但是对小党来说，由于小党在组织资源、受支持程度等方面的一些天然不足常常不能够募集到像两大政党那样多的资金，因此 FECA 规定，一些小党的候选人如果在最近一次总统选举中得到全国有效选票数的 5% 以上的话，他也可以拿到与其得票率等比例的补助金。例如，如果候选人得到了全国有效票的 15%，那么他可以得到的国家补助金就是 6700 万 ×15% =1005 万美元

候选人如果接受了等比例补助金，那么当然他也必须接受与大党一样的竞选开支限制（其数额为 6700 + 6700 × 10%，显然对新党或独立候选人来说很难筹集到这样多的政治捐款），但是他可以被允许在国家成比例补助金之外求募私人资金，以便使国家补助金与全面的开支限制相平衡。此时，出于这种目的而筹集的资金必须是由来自个人的、每人不超过 1000 美元，或者来自政治行动委员会的、每笔不超过 5000 美元的捐款构成。

① 美国总统大选的开支限额与开支总限额并不相同，前者是以 1974 年的 2000 万美元为基数每四年调整，后者则要在此之上再加上对政党在总统选举中产生的联邦开支限额。

第三类别开支于每个大选年的8月拨付政党，但是对新党或新加入竞选的独立候选人来说则必须等到选举结束之后方能拨付。

3. 建立起了专门的政党资金管理组织：联邦选举委员会(Federal Election Commission)。联邦选举委员会的领导成员构成是由两党各出三人，共六人组成。[①] 联邦选举委员会的成员最初是由参议院的在任主席与众议院议长联合任命的，但是美国最高法院认为，既然联邦选举委员会成员的职能与公务员是一致的，那么按照美国宪法，就不能由参院或众院来任命，于是议会后来就将联邦选举委员会改为其成员由美国总统任命。[②]

联邦选举委员会的职责是审查与监督国家补助申请人的资格是否符合要求、负责并保证国家补助金的发放符合法律要求、审计政党有关财务账目、负责追缴申请人多得的国家补助金等。

4. 要求联邦层面的政党候选人政治财务活动的全面公开。

5. 对政治捐款的严格限制。除了继续坚持之前相关法律对企业政治捐款的限制之外，将个人的政治捐款也限制在了每年最多不能超过1000美元，后来的《两党竞选改革法》将这个限制提高到了2000美元，个人每年各项政治捐款的总限额规定为25000美元。政治行动委员会向候选人的捐款限额为5000美元。

6. 对总统党内初选及竞选过程中开支的全面限制。

---

① 因此，从本质上来讲，联邦选举委员会实际上仍然是一个基于两党利益的党际组织，而非纯粹意义上独立的、非党派性的组织。这一点将会对我们理解下面的分析极其有意义。

② William C. Binning, Larry Eugene Esterly, Paul A. Sracic. Encyclopedia of American Parties, Campaigns, and Elections. Westport: Greenwood Press, 1999, p. 31.

二、美国国家补助政党制度的缺点、漏洞及修正过程

从制度本身来讲，美国围绕国家补助政党制度制定的一系列法律与修正案其覆盖面不可谓不全面，其规定不可谓不具体，其执行机关的职责不可谓不清晰，然而，从这些法律，尤其是FECA及其修正案的执行过程来看，美国国家财政补助政党制度的实施不仅没有达到遏制竞选经费上升的势头，反而使政党很快地找到了规避法律的漏洞所在。从相关法律本身建立过程的逻辑来说，这个制度一开始就存在着的一些制度缺点也逐渐显现。围绕着政党对法规漏洞的利用与修正，围绕着法律本身缺点的修正与解决，美国国家补助政党制度的发展过程就此展开。

（一）美国补助政党制度的缺点

人们真正意识到制度本身存在的缺陷所带来的严重性是在FECA执行后的第五次总统大选即1992年总统选举时。

由于所有的国家补助政党资金均由“总统选举活动基金”来支付，而总统选举基金的来源则是纳税人自愿指明扣缴用途的税款，因此可以说美国的这种纳税人自愿扣缴的形式，能够部分地被看做是公民对民主制度与政党政治的信心投票。然而，即使公民通过这种形式的公投表示出了对国家补助政党制度的希望与信心，这种政治融资其来源模式实际上也仍然是很脆弱的，联邦选举委员会发表于1992年的年报就指出了这一点。报告指出，美国国家补助政党制度中的资金来源有一个致命漏洞，即总统选举活动基金的拨付是于每个大选年按照通货膨胀率进行调整的（当然有史以来每次均是以正值调高），但是为这项制度提供资金来源的纳税人自愿缴扣额却是每年固定的。因此，随着美国政

党竞选总统的费用逐年增多，加上通货膨胀的因素，PECF 出现赤字、国家补助金的拨付出现困难只是早晚的事情。

实际上到 1992 年选举时，总统选举基金已经出现捉襟见肘之势，于是美国议会急忙通过修改相关法律的形式，将原先的自愿扣缴额由每人 1 美元提高至每人 3 美元。法律修改之后，虽然出现了一段时间里纳税人扣缴额减少的情况，但这段时间过去之后，最终扣缴额还是实现了缓步正增长，总统选举基金也暂告免于匮乏。但是，从长期来看，总统选举基金缺乏的可能性仍然存在。

（二）美国补助政党的制度漏洞及其解决

总的来说，美国国家补助政党制度的漏洞较多，而且始终没有得到完全的解决。就这项制度而言最大漏洞就是政党在接受国家补助金之后，在表面上遵守有关附加限制性条款的前提下，以各种方式绕开这些限制性条款，最终实现既从国家财政处拿到了可观的补助，又能够在社会领域募集与花费大量的竞选经费。当然宪法法院、联邦选举委员会乃至美国国会在这时都充当了国家补助政党制度与相关法律原则的维护者的角色，不断地针对新出现的漏洞修正 FECA 及有关法律，但是总的来看，围绕制度本身的修正，其过程显得既漫长又低效。相关过程主要围绕五点展开

1. FECA 的合宪性与 PAC 的爆发。

1974 年 FECA 的修正案刚刚通过，就受到了来自多方面的质疑，主要焦点聚集在 FECA 修正案对政治竞选资金的严格规制上。FECA1974 年修正案限制了个人、企业以及“政治行动委员会”的捐款，也限制了“独立开支”。很明显，过低的开支限额明显不利于希望利用更多金钱来求得知名度的小党或独立候选人，于是，在 1976 年的“巴克利诉韦利欧案”中，美国最高法院在规制竞选资金法律中的角色得到了充分显现。在此案的判决中，联邦最高法院认为，如果以宪法第一修正案中的言论自由原

则为准则，那么，个人或团体在竞选中的开支应属于其言论表达的一种方式，因此对竞选开支的严格规制已经影响到了公民的言论自由，因而对个人的“独立开支”的限制、对候选人利用个人资金进行竞选的限制以及强制性的竞选开支限额均违宪。但是，由于政治捐款属于支持他人言论，而非自己言论的表达，因此最高法院只支持了 FECA1974 年修正案中对捐款进行限制以及透明化条款的有关要求，同时，最高法院认定总统候选人应该能够自由选择是否接受国家补助金以及附加于其上的一系列限额。①

随后 FECA 进行了新一轮修改，由此产生了 FECA1976 年修正案。这个修正案依照联邦最高法院的要求，对竞选开支大开绿灯，但明确了捐款的限额，即每个政治行动委员会每年只能从个人处得到 5000 美元的捐款、任何超过 100 美元的竞选开支都必须报联邦选举委员会备案等。

从以上叙述可以看出，1976 年 FECA 修正案的所希望规范的重要漏洞之一就是美国政治资金问题中的“政治行动委员会”（Political Action Committee），而从这时我们已经能够很清楚地看到大资本试图通过各种途径对政党直至政治竞选施加其影响力。

政治行动委员会，简称 PAC。它的出现与 1925 年的《联邦腐败行为防止法》以及 1943 年的《史密斯—康纳利法》直接关联，正是这两部法律限制了议会以及总统选举时的政治捐款，对工会团体的捐款也设置了限制。1947 年的《塔夫脱—哈特利法》更是禁止了公司团体和工会团体对包括总统初选、竞选、议会选举等在内的联邦竞选过程中的一切政治捐款。工会团体因为这些法律的限制组建起了这种名为政治行动委员会的组织（1971 年的 FECA 对这种组织的合法性给予了确认），并且直到 1974 年

① Buckley v. Valeo，424 U. S. 1（1976）.

FECA 修正案以来都是其主要的规避竞选资金法律限制的方式。但是 1974 年 FECA 修正案之后，这种工会组织作为政治行动委员会的最主要利用者的角色改变了。

1974 年 FECA 修正案虽然对个人捐款者的最高限额进行了限制，对一次选举中一个 PAC 团体所能够给予某个候选人的捐款也有了限制（5000 美元），但是，却没有限制某个团体的最高捐款总额，也没有限制候选人所能够从各种政治行动委员会接受的资金的总额。正是这个明显的漏洞使“政治行动委员会”这种组织迅速地发展了起来，人们甚至把当时政治行动委员会迅速增多的现象称为“PAC 爆发”。与 PAC 组织的数量飞速增多同时发生的是来自 PAC 捐款大量的增加。在候选人接受到的全部捐款中，政治行动委员会的捐款比例更是显著提高。

很多的政治行动委员会实际上是作为其他组织的选举活动部门而设立的，其代表有美国医师政治行动委员会、不动产业经营者政治行动委员会、钢铁劳动者联合政治行动委员会等。1974 年年末，政治行动委员会尚在 700 左右，到 1976 年末已经超过了 1000，到 1985 年年末已经大致接近 4000。其中最为显著的特点是与企业有关的委员会大量增加。

政治行动委员会的捐款流向有两个基本特点。

第一个是委员会政治捐款的政党类别流向。从一般情况看，虽然与企业相关以及产业界团体相关的委员会政治捐款主要提供给共和党候选人，与劳工团体相关的政治捐款更倾向于提供给民主党，但是，在与劳工团体有关的委员会捐款进行比照之后，人们发现，企业以及产业界团体有着明显的同时向共和与民主两党提供捐款的特征。

第二个基本特点是，政治行动委员会的政治捐款多向现职候选人方面倾斜。

对 PAC 的出现和增多，学者们普遍认为是制度为压力集团创造的漏洞，研究美国压力集团政治的学者甚至认为“美国压力政治最近最具特色的地方之一不是别的，正是压力团体的政治活动委员会最大幅度的增殖。”①

对 PAC 的存在，学者的意见不一。

对 PAC 的反对意见认为：一、它是商业利益的过度代表的产物；二、它使议员和选区之间的关联减弱；三、对立法过程中的公正性的侵害；四、使政党的作用减退。

支持意见则认为：一、它促进了公民的政治参与；二、使竞选资金来源公开化；三、可以提高联邦议员选举的竞争程度。②另有一种总体的支持性意见认为，这种组织反映了美国历史上形成的多元主义现实，它并不是某个特殊利益集团的代表，而是更宽泛意义上各种利益的代言人。PAC 并没有压制公民个人，相反它是公民表达利益的联合体。因此，PAC 是选举竞争的支持力量而非阻碍力量。

无论学者们持何种看法，对 PAC 的运作及其目的一般是没有异议的，即 PAC 的主要目的很明显是希望以金钱输送的方式对竞选总统者施加影响，进而对整个总统选举进程甚至结果施加影响。

1976 年 FECA 修正案虽然规定每个政治行动委员会每年只能从个人手中得到 5000 美元的捐款，但 PAC 这一政治现象并没有因这些修正案而禁绝，相反却长期在美国政治中发挥着作用。

2. 新漏洞导致的“软钱”出现。

1976 年美国总统大选之后，针对 FECA 的不满之声又起，

---

① ［日］内田满，唐亦农译：《现代美国压力政治》复旦大学出版社，2007 年，第 202 页。

② ［日］内田满，唐亦农译：《现代美国压力政治》，复旦大学出版社，2007 年，第 203 页。

这次反对者主要认为，1976 年的修正案对政治捐款与政治开支仍然过于严格，在有限政治资金的前提下，总统候选人的竞选组织以及政党都把分派与使用竞选资金的权力高度集中，因此，美国政治中特有的分权特色与表现在政党政治中的地方基层政党组织的活力因这种制度形态受到了严重影响。于是 1979 年的 FECA 再次修正，这个修正案允许政党的全国委员会分别建立起“非联邦账户”，以便为州以及地方一级的选举或政党日常活动提供经费，允许地方党组织在动员选民登记、投票等方面花费不受限制的资金。[①] 这就给政党利用这些账户接收与开支在联邦法律框架下非法的资金提供了便利。正是这样的条款为总统候选人使用“软钱”（Soft Money）创造了可能。在联邦法律下实际上就有了两种资金的区分：

其一，就是所谓的“硬钱”（Hard Money），多以“协同开支”（Coordinated Expenditures）的方式支付。这是指在联邦法律规制之下的那部分筹得款项或者开支资金。这部分资金无论在募集或者开支方面都要受到联邦法律的全面规制（不仅要遵守开支限额条款，也要遵守透明化条款）。

其二，就是我们所说的“软钱”，软钱常常会被用来进行“独立开支”（Independent Expenditures）。[②]

笼统地讲，软钱[③]就是“从联邦法律规制的资金来源以外募得的、但其支出行为与目的是影响联邦选举结果的那部分资金。”[④] 软钱理论上都是由政党组织所操控着的，虽然软钱的最

---

① FECA. 11 C. F. R. 102. 5（a）.

② 这两种规避法律的方式将在下面讲到。

③ 软钱这一形式不仅存在于总统竞选还存在于议会竞选之中，但因为美国不对议会选举提供国家补助，因此，我们的研究主要聚焦于总统竞选过程中的软钱现象。

④ Herbert E. Alexander. Soft Money and Campaign Financing. Washington, D. C: Public Affairs Council, 1986, p. 5.

终还是为了保证政党的总统候选人胜选而支出。

软钱在政党内部的支配方式主要有以下四种：

一是中央党组织与州及地方政党组织的资金转移；

二是直接向州及地方政党组织的资金拨付；

三是联邦与各州政党的共同事务开支；

四是其他类型的开支。

在这四种开支中因为第一部分只是中央党利用地方党进行的一种资金规避方式，因此，其支配权主要还在中央政党的手中。而在第二类开支中州及地方党对这部分资金较之中央党组织拥有优先的支配权；第四类开支历来数额较大，因此也常是灰色开支的集中区域。

正因为软钱的募集与使用都不用再受任何联邦法律的规制，因此两大政党及其候选人在选择接受国家补助金的同时，都充分利用了软钱这种规避法律制度的形式，无论是在党内初选还是总统竞选过程中均是如此。

以最近几次的选举为例：在 1996 年总统大选时，每个政党的竞选阵营都从软钱形式上募得了超过 1. 2 亿美元，其中的一半资金直接转给了州及地方政党组织，其余部分或者支出到了与州及地方政党的联合竞选行动中，或者拨给了州及地方的政党候选人，有些则花费在了并未对 1996 年大选产生直接影响的政党建设方面。在软钱名义下，两党都接受了大量的单笔巨额资金。2000 年大选，两党在软钱项目上刷新了纪录：共和党筹得 2. 5 亿美元，民主党筹得 2. 45 亿美元。竞选结束后统计，两个政党的候选人都在法律的限额下花费了 6760 万美元的合法开支，但是，两党给各自总统候选人造势的“独立开支”却达到了累计

12 亿美元，其中有 5 亿美元都是来自根本无法规制的软钱项目。[1]

3. “议题襄赞”式开支：软钱的最好归宿。

软钱的募集虽然不受法律规制，但如何把总数巨大的软钱花到影响选举结果的方面呢？这就需要考虑在开支方式上规避联邦法律的约束。在这方面美国政党利用了另一项法律漏洞，即“议题襄赞”（Issue Advocacy）式开支。这种开支方式与“明示襄赞”（Express Advocacy）式开支相对应。

议题襄赞式开支是指政党利用软钱在竞选宣传或政治广告中不用明示的办法，而以支持或反对某个候选人倡议的议题的方式影响受众，从而借助这种表达技巧达到影响选举结果的目的。这种方法因为没有直接说明支持或反对某一个候选人，因而其产生的开支不属于联邦法律的规制范围内。从这个方面，议题襄赞式开支与公民个人或团体采用的“独立开支”有异曲同工之妙。

如果用明示的方法直接支持或反对某一候选人，就属于明示襄赞的开支范围，因此也就必须受到联邦法律约束，其主要开支也都是由硬钱部分来支出的。

议题襄赞式开支因而可以使政党支出大量的软钱在竞选中帮助自己的候选人。这种方式被充分利用还是在 1996 年的总统大选中。“首先是民主党，而后是共和党通过在议题襄赞上开支数百万美元的办法，来为各自的总统候选人造势。他们声称，因为没有使用反对或支持某人这样的语言，所以这类开支不属于 FECA 的适用范围。这样他们在除去法律允许的协调费用之外，最终花费了总数超过 6500 万美元的资金。这样，如果不修改相关法律的适用范围，旧的法律其实就形同虚设了。候选人可以支出

---

① Nelson W. Polsby, Aaron Wildavsky, David A. Hopkins. Presidential Elections: Strategies and Structures of American Politics. Rowman & Littlefield, 2007, p. 1970.

任意数额的资金，而且这些资金可以由许多不受监管的渠道获得。这种利用法律灰色空间的做法，直到2000年的两党竞选改革法出台以前联邦选举委员会也无可奈何。虽然联邦选举委员会的审计分部认为1996年克林顿与多尔的竞选违法，但该结论最终并没有得到委员会的认定。”

“在大多数情况下，议题襄赞类开支的费用主要由国家层面的政党委员会来支付，因此资金中的主要部分，多数情况下约65%来自没有限额的软钱捐款。换句话讲，在电视广告市场上，政党在限额内每花费1美元，就会同时在没有限额的议题襄赞类开支上至少花费2美元。”①

4. 独立开支。

政党利用自己在某种程度上可以直接控制的软钱进行大量竞选开支的同时，也不忘记利用FECA的另一项漏洞——“独立开支”（Independent Expenditures）。

从法律上来讲，独立开支不仅可以发生在总统初选阶段，也可以发生在总统竞选阶段。独立开支行为的实施者是公民个人或社会团体，任何美国公民或社会团体都可以合法地以独立开支的名义来支持或反对某个候选人，而无论这个候选人是否接受了国家补助。也就是说，独立开支的出现，使公民可以在直接向某个中意的政治候选人捐款的联邦限额之外理论上支出无限多的款项。独立开支只要不是出于候选人或者候选人竞选委员会的要求或暗示而发生的，就属于“独立”范畴，因而不会被法律认定为政治捐款。当然要被法律认定为“独立开支”其具体要求还很多，比如类似开支发生前不能得到任何与候选人团队有关的指示，开支人也不能主动与候选人及其竞选团队发生任何联系，所

① David B. Magleby, Brookings Institution. Financing the 2000 Election. Washington D. C.: Brookings Institution Press, 2002, p. 82.

有在独立开支名义下产生的广告支出，其广告具体内容中出现的政治信息都不得利用候选人团队准备的材料，最后，所有在一个年度内发生的、超过250美元的独立开支都必须报联邦选举委员会备案。

与独立开支相对应的概念是"协同开支"（Coordinated Expenditures)，协同开支是由硬钱构成的，但是并非等同于硬钱。协同开支从其定义上讲是指在政党内部分配支出的、受联邦有关法律约束的资金。这部分开支的支付者主要是指政党组织，与候选人的硬钱开支有一定区别。在现实中，政党组织也常用联邦法律规制范围内的协同开支来帮助候选人的竞选团队。

独立开支多由软钱构成，但也并非等同于软钱。独立开支的支付方可以是个人或者团体，但绝对不可能是任何与政党或候选人有关的个人或团体。独立开支理论上是政党控制之外的那部分资金，而软钱则更偏重于指政党可控制的资金（虽然处在联邦法律规定的灰色地带)。

1985年最高法院对FEC与国家保守政治行动委员会(NCPAC）一案的判决，支持了总统竞选过程中的"独立费用"。此案中，最高法院援引了BUCKLEY与VALEO案例中的判决，认定政治行动委员会仅仅为支持某一候选人而花费的资金不应该受到法律限制。

5. 补救漏洞与新规避形式的出现。

正因为政党可以在国家补助之外另寻到新的不违法的财源，加上对竞选开支的总限额实际上一直处在缺位的状态，所以美国总统的竞选费用一直呈上升的趋势。来自社会的巨大压力使有关的国家机构必须对制度的漏洞提出解决办法。

联邦选举委员会在这方面表面上来看几乎没有停止过努力。除了在1990年对政党软钱的管理作出过有关规定之外，1992年联邦选举委员会也作出过相关尝试，要求政党公布所有高于200

美元的软钱捐款以及政党分配给地方党的资金总额。但是，最有效地限制了软钱之类漏洞还应当属被学者认为是自 1971 年 FECA 及其 1974 年修正案以来最重要的一部法律：美国 2002 年的《两党竞选改革法》（Bipartisan Campaign Reform Act，BCRA）的诞生。

BCRA 并没有对国家补助政党制度作出任何改动，其主要目的还是为了限制软钱与竞选开支不断攀升的势头：该法禁止政党与候选人索取或接受软钱，只允许政党的州与地方组织接受捐款限额内的软钱，其用途也必须是促进公民进行与投票活动有关的开支；BCRA 对议题襄赞与明示襄赞有着明确区分，将议题襄赞类的广告宣传费用归入到必须公开的资金之列；BCRA 在加强以上限制的同时，还提高了政治捐款的限额：个人向候选人的捐款从 1000 美元提高至 2000 美元，个人向政党全国委员会捐款的总限额由 2 万美元提高至 2.5 万美元，并且捐款限额从此之后根据物价指数调整。①

BCRA 实际上对政治资金作出了比以往更严格的限制，因此很容易理解的是，2003 年 6 月，BCRA 立即受到了来自联邦议员以及一些拥护言论自由的社会组织的批评与挑战，并被认为不符合宪法第一修正案的精神而被起诉至宪法法院，但是随后最高法院在一系列判决中支持了 BCRA 的有关条款。

然而 BCRA 生效实施后不久的 2004 年总统大选中，围绕新法案的又一种规避形式出现了，那就是所谓的“527 组织”。这是一种在美国税法 527 条款下建立的免税组织，这种组织与美国竞选公职的候选人竞选委员会以及政治行动委员会都是在第 527 条款下建立，但是与其他组织不同的是，这种主要也以影响政治选举结果为目的的政治组织由于其运作形式的独特性，所以不受

① Public Law 107 - 155（H. R. 2356）.

联邦选举委员会以及各州选举委员会约束，更不像政治行动委员会组织那样受政治捐款限额的约束。

大部分的“527组织”由特殊利益集团运作，它们筹集大量资金，并将其花在上述的“议题襄赞”类开支或者动员选民投票开支中。由于这种议题襄赞类开支是由“527组织”这种社会团体进行，因此，此类开支就可以不受任何联邦选举法律的约束。2004年联邦选举委员会也曾对“527组织”的问题召开过听证会，但最终认定这类组织并不在联邦法律的效力范围内。在BCRA实施后不久，这种组织在总统选举中的角色就变得突出起来，并且对BCRA的有效性提出了新的挑战。

“527组织”表面上与布什、克里阵营或者民主、共和两党任何一方都没有正式联系，但是其支持对象却是十分清楚的。在2004年大选中“527组织”的开支至少有3.5亿美元之多，多数开支支持了民主党的克里阵营。[①] 因此，毫不奇怪，共和党全国委员会就成为这种组织最激烈的反对者之一。

三、美国国家补助政党制度的特征

综合上面的介绍可以看出，美国国家财政补助政党制度主要的特征是：

（一）国家补助制度因为成了可选择的直接式补助而更像是政党的融资工具，而非国家的规制手段；

（二）国家补助金在实际产生的竞选费用中比例很低，没有对政党形成真正的吸引力；

（三）形成立法意见与修改法律的参与主体众多，主体之间

---

① Nelson W. Polsby, Aaron Wildavsky, David A. Hopkins. Presidential Elections: Strategies and Structures of American Politics. Rowman & Littlefield, 2007, p. 1971.

的互动及成果的达成虽然频繁但却低效；因为坚持自由与公平的民主制度原则，所以制度存在的漏洞无法彻底根除；

（四）国家补助金的来源方式始终是美国制度里一个隐藏的问题。

第三节　美国国家补助政党制度对政党的影响分析

一、政党对国家补助制度的利用及制度对政党候选人的影响

（一）政党对国家补助金的利用及其影响

美国的政党政治比起欧洲国家来说更表现出其“候选人导向”而非“政党导向”的一面，这突出表现在政治竞选时美国的政党候选人比欧洲的政党候选人在与政党组织的关系方面拥有更大的自主权。在政治资金方面更是如此。因此理解美国财政补助政党制度，自政党候选人入手可能更容易看清楚其影响所在。

为了方便理解，我们可以把总统选举过程中的候选人大致分为三类。第一类是两大政党中的知名或现职候选人，他们属于已经先期获得竞选优势的类型；第二类是两大政党中的非知名候选人，也就是党内初选时的挑战者；第三类是小党、新党候选人以及以个人身份参加竞选的独立候选人。在总统选举的整个过程中，国家补助制度对这三类候选人的影响是迥然不同的。

1. 对两大政党中的知名候选人或者在任现职的候选人来说，

国家补助金完全成为其巩固既有优势而可资利用的工具：候选人可以得到其带来的现实利益，实际上却不用为此真正遵守相关的约束条款。

由于这些优势候选人在国家提供的补助金之外已经拥有了稳定的社会融资渠道，因而可以轻松地玩弄各种手段规避联邦法律规制。

当这类候选人自认为募集的资金不足以偿付即将到来的初选或大选费用时，他们会选择接受国家补助金，但这并不表明他们真正愿意承担起由此应负→要尽的遵守竞选开支限额的义务，这些优势候选人会以各种各样形式的、技术的手段，在不违反法律的情况下从灰色地带募集、支出远远超出竞选开支限额的选举经费。

在政治融资的形式上，他们可以选择利用“软钱”来弥补“硬钱”的不足；在开支的方式上，他们可以选择借助政党的“议题襄赞”式开支或者“协同开支”来辅助自己竞选委员会的运作，他们也可以选择借助政治行动委员会或者527组织这种政治团体，由这些团体出面间接地以“独立开支”或者以“议题襄赞”式广告的手法，花掉大量不受联邦选举法律与联邦选举委员会约束的资金；在开支技巧与手段上，他们将手中有限的资金通过多种方式进行调配，最终将其效用发挥到极致。

当这类候选人在某些情况下已经筹集到了充沛的政治资金时，他们会感觉再也没有必要去遵守哪怕是形式上的一点点规定，从而彻底踢开国家补助制度及附加限制条款，放手在竞选上大笔烧钱。

2. 对两大政党中知名度不高的新候选人来说，主要是总统初选时的匹配补助金对他们发挥着影响。相当多的学者认为国家补助确实起到了促进新人挑战旧格局下的老面孔的作用，其中比较有代表性的意见认为：“匹配资金项目在竞选融资过程中已经被证明是一种极其受欢迎的形式，同时也是极重要的财务资源。它在被候选人所广泛接受的同时也鼓励了候选人更多地依赖小额捐款而非大金主或者政治行动委员会的资金。该项目尤其为那些缺乏广泛融资渠道的非知名政治家以及缺乏足够大金主支持的候选人带来了希望。……国家匹配补助金增加了选民的可选项，也提高了总统提名竞选过程的竞争性。”①

美国总统初选中类似里根、克林顿这种一开始在资金上并不占优但充分利用了匹配补助从而使自己赢得党内提名、进而赢得大选的例子应该是这种观点的最好佐证。

3. 对小党、新党以及独立候选人来说，由于不存在匹配补助金，因而主要是总统竞选过程中的成比例补助金对其产生着实质性的影响。

对小党、新党来说，由于按照制度规定他们必须以自己在上次大选中所获票数来决定自己在本次大选中的得款多少，因此，从国家补助制度实行至今的几十年来，并没有小党、新党真正借助国家补助金来获得过与两大政党一决高下的机会。当然，这并不排除小党可以借助补助金在一定程度上对大党候选人发起挑战，虽然事后结果往往证明他们最多起到了搅局的作用。（1980年独立候选人约翰？安德森就以小党候选人的身份得到过四百二十万美元的补助金，再以2000年美国总统选举为例，当时两个大党的总统候选人布什和戈尔都不得不面对来自小党的挑战者：改革党的帕特？布坎南和绿党的拉尔夫？纳德。其中，前者分别在1992与1996年与乔治？布什进行过共和党内的提名竞争，后来因为筹集不到足够的经费，布坎南最终没有得到共和党的提名，从而加入了改革党，并因该党在1996年得到了全国5%以

① Anthony Corrado. Paying for Presidents: Public Financing in National Elections. New York: Twentieth Century Fund Press, 1993, p. 38.

上的选票而在2000年的大选中可以获得来自联邦的一千二百六十万美元的国家补助金，这使得他成为了竞选资金充裕的候选人，他可以在竞选中对两个大党的候选人指手划脚，吸引许多原来可能支持布什的选民。同样，民主党的戈尔也受到了来自绿党的拉尔夫·纳德的挑战，纳德在民主党的传统地盘如西部的华盛顿和俄勒冈州、中部的威斯康星和明尼苏达州，甚至在戈尔的后院加利福尼亚州，拉走了众多本该属于民主党的选票。纳德曾参加过1996年的美国总统竞选，只获得了不到总票数1%的选票，纳德本来希望在2000年的总统大选中获得至少5%的选票，以确保绿党在2004年大选中获得联邦的经费补贴，但最后纳德只获得全国3%的选票。)

对独立候选人来说，国家补助所能提供的资金数额往往显得微不足道。

按照美国法律，独立候选人参选理论上既可以向社会筹募资金，也可以使用个人家庭财产参选，但实际上独立候选人基本上都是倚仗着自己雄厚家底参加竞选的亿万富翁。

1992年、1996年两次参选美国总统并且颇具冲击总统宝座实力的亿万富翁佩罗就是一个极好的例子。

1992年佩罗首次参选总统，如果他在1992年第一次参选时就同意接受联邦法律对竞选开支的限制的话，他可以凭借其在选举中得到的将近百分之二十的选票而拿到两千六百万左右的国家选后返还补助，但是那次选举中他为了在竞选中花费更多的经费而没有接受补助，自然也不必接受开支限额的约束，最终佩罗并没有赢得那次选举。于是在1996年，基于其在1992年的得票率，佩罗最终在同意接受联邦竞选开支限制的情况下，接受了两千九百万美元的国家补助金。①

很明显，佩罗之所以在第一次参加美国总统大选时选择不接受联邦法律对竞选开支的限制，无非是因为两个主要原因。

首先，他事先已经预料到自己作为独立候选人面对美国两个老牌政党候选人的劣势，因而希望借助自己亿万富翁的雄厚家底，通过拒绝接受国家补助金来避开竞选开支限额，从而在竞选开支上取得一定的优势，至少，不会在政治资金上处于劣势：作为一个虽家资丰厚但在组织资源与动员能力上都远远落后于两个大党的独立候选人，佩罗能做的就只有通过大量的政治广告与宣传来推广自己的政治形象与主张，赢得知名度与美誉度。

次之，选后拨付补助的分配方式对佩罗的竞选战略来说实际意义并不大。作为亿万富翁候选人，佩罗参选的目的并不是借此直接谋取经济利益，选后两千六百万左右的补助对佩罗竞选胜负的影响并不大。

1992 年佩罗选择利用自己的资金进行竞选活动（这一点并不被美国的相关法律所禁止），但是事后的情况证明，即使他花费了大笔竞选费用，仍然只能在最后的选举中充当配角的角色。1996 年大选，佩罗迅速做出决定，接受联邦竞选开支限制，最终拿到了国家补助。

有关佩罗的事实证明，独立候选人根本没有办法在竞选资金上与两大政党的候选人展开一场全面的开支竞赛，即使在选举后接受了一笔补助金，与两大政党候选人以各种名目开支的资金总额也是无法相比的。

（二）政党对国家补助政党制度的利用及其影响

根据本书导论中所提出的分析框架，我们可以对美国财政补

① Jody C Baumgartner. Modern Presidential Electioneering: An Organizational and Comparative Approach. Westport: Greenwood Publishing Group, 2000, p. 42.

助政党制度进行如下分析：

美国政党对国家补助制度的工具化利用其目标主要有两个：

1. 政党竞选财务目标的达成：摆脱联邦法律的限制。

从表面上看，美国国家补助不仅提供给总统竞选，也提供给两大政党的党内总统初选，与此同时，不仅政党候选人在总统竞选时必须遵守联邦法律对政党财务的监督与约束，其在各自党内的初选阶段也必须接受同样法律的规约，于是伴随国家向政党提供补助金一起发生的是国家（至少在政党财务问题上）不仅约束和控制了政党的竞选，同样也约束和控制了政党的初选。以此看来，美国的国家对政党的渗透，应该算是相当深入的。

然而如果仔细分析美国财政补助政党制度的细节与相关法规，情况也许并非像上述的那样简单。

与其他很多国家不同的是，美国的国家补助政党制度对政党来说是一个可以进行选择的制度，政党候选人可以根据具体情况的不同，选择接受或放弃国家补助，而放弃的后果，仅仅是必须接受其他一些并非事关紧要的条规（如必须公开财务来源、必须接受数额上符合联邦规定的个人或社会限额捐款等），但同时这些条规却可以轻易地借助一些变通形式进行规避，而政党候选人却因此达成了其重要的政治目标：在竞选开支总额上不用再受任何联邦法律的限制。（这既使有实力的大党可以放开手脚全力应战，也使小党候选人在巨额的竞选开支面前望而却步）

2. 巩固既有优势目标的达成：防止两党之外有实力挑战者的出现。

美国政党在这个目标的实现上过程极其隐密。

借助上述对美国总统候选人的分类我们可以看到，两大政党最合理的期望就是借助现有制度，使小党、新党候选人永远无法在资金、人才上超过两党，那么他们的目标达到没有呢？

我们先来分析两大政党的党内提名初选。

如前所述，在美国，两大政党内任何有志于参加总统党内预选的人士只要符合以下条件即可：在二十个以上的州募集到总数十万美元以上（即每州至少5000美元）的捐款，而且这些限制数额之内的捐款必须由每笔不超过250美元的来自个人的小额捐款构成。考虑到美国总统大选动辄数十亿以上的开支，这样的条件对一个有志于参加政治竞选的人来说无论如何都不能算得上是一种苛刻的要求。正如研究国家补助政党制度的学者所说"为了得到匹配补助，候选人需要成功地募得指定数额的捐款即可，而不必像其他国家那样遵守其诸如收集签名、获得一定数量的选票等等资格条件"。[①] 这样，通过相对而言极低的资格门槛，美国两大政党就能保证党内那些没有什么知名度但却具有冲击总统宝座的潜在实力的政治精英们能够轻松地借助国家的力量脱颖而出，竞逐党内提名，最终获得胜利。上面提到的里根和克林顿无一不是从一个政治资金并不充裕的党内小角色起步，最后依靠国家匹配补助金获得政党初选提名的。需要注意的是，美国的匹配补助金并不提供给除两大政党之外的任何一个第三党。

但是对总统竞选来说，情况就大不相同了。

联邦法律规定，在总统竞选阶段，小党、新党和独立候选人一样理论上都有获得国家补助以提升自己竞选知名度的机会，但是，对这部分政党或候选人来说，此时要获得国家补助其资格门槛已经不是筹到一定数量的社会捐款那么简单，而是必须要在最近一次总统大选时获得全国有效选票数的5%以上方有可能得到补助。而这无疑等于给新入局的候选人设置了两道门槛，一、必须参加过一次竞选；二、必须在这次竞选中获得5%以上的选

---

① Karl – Heinz Nassmacher. Citizens´Cash in Canada and the United States. In Herbert E. Alexander, Rei Shiratori: Comparative Political Finance Among the Democracies. Boulder: Westview Press, 1994, p. 153.

票。也就是说，如果两大政党的挑战者不能在一次竞选中获得这样多的选票的话，他将永远不会有得到国家补助金的机会。佩罗等独立候选人的失败以及上述一些小党和新党候选人的失败已经证明了这一点。

两大政党就是借助这种补助制度十分巧妙地始终在所谓“自由”与“机会平等”的名义下面保持本党内新的政治精英的不断出现，同时持续地压制其他政党与候选人在政治资金方面的实力，使小党、新党乃至家资丰厚的亿万富翁候选人永远无法在资金、人才等方面获得优势。民主、共和两党也因此维护并巩固了自己在既有政党格局中的地位。

1982 年一个名为“竞选财务研究小组”的报告也从侧面认可这一点，这篇报告认为国家补助政党制度使候选人减少了对大金主依赖的同时，也并没有让真正有志于总统职位的候选人因为某些不负责任的候选人或纯属搅局的政党的存在而受到负面影响。① 换句话说，因为没有人真正有资格评判什么是“不负责任的候选人”与“纯属搅局的候选人”，所以我们完全可以将报告的结论理解为两大政党成功地利用了国家补助制度遏制了新候选人的挑战势头。

二、国家面临的两难

现在我们不禁要问在本书的分析框架设立后所提出的问题：为什么国家已经向政党提供了补助资金，但政党仍要以各种方式

① Financing Presidential Campaigns：An Examination of the Ongoing Effects of the Federal Campaign Laws Upon the Conduct of Presidential Campaigns. Committee on Rules and Administration，Campaign Finance Study Group，Institute of Politics，John F. Kennedy School of Government，Harvard University. 1982.

去求募更多的社会捐款；为什么国家在提供了补助并且明确规定了附加于其上的法律约束的情况下，仍然不得不面对政党化解了这些约束的情况而束手无策？

在美国语境下，第一个问题相对更容易回答：因为美国制度中存在的漏洞，使政党候选人得以在国家补助制度附加的限制之外募得巨额的社会资金。与这些天文数字的资金相比，几千万美元的国家补助对政党的整个竞选过程来说无疑是杯水车薪。因此，即使在制度刚生效时存在着一个认真守法的政党，也会因为其他政党竞选费用的水涨船高而被挤出总统竞选这个政治游戏。

那么下面必须要解释的是，为什么国家面对政党规避法律而束手无策呢？

这首先要归因于美国财政补助政党制度的特征之一：财政补助政党制度是政党竞选财务策略中的“可选项”，而非“必选项”，因此政党在筹募社会资金特别充裕的情况下，很可能会放弃接受财政补助。①

在美国，国家希望改变这种政党工具化利用补助制度的现象，然而国家在这方面所能采取的措施其实并不多，这里我们可以从美国三权分立制度入手细化分析：

（一）围绕制度改革问题，美国议会、政党与候选人的关系

在美国三权分立的国家制度中，议会总是由两党所分别操控。两大政党在议会中确实会进行利益博弈，在一些具体问题上的思路也不尽相同，如对竞选财务改革问题而言“对竞选财务制度的理解不同肇因于两党对此问题改革路向的不同。民主党更倾向于相信规则的力量，方法是设置开支限额与提供国家补助金

---

① 在2000年以来的总统竞选中，选择放弃补助的情况越来越多，其中的重要原因就是因为伊拉克战争引发的公民政治参与愿望强烈，各党总统竞选阵营也因此特别充盈。

等。而共和党总的来说反对这样的限制，也反对国家补助。[①] 但在面对第三党等挑战者时，两党的利益显然是一致的，对第三党有利的提案通过的可能性极小；就政党与候选人的利益关系而言，美国政党并不像欧洲政党那样对候选人握有更大的权力，党员相对政党处于强势，这导致所有不利于候选人的政策也很难在议会中通过成为法律。西方学者对此有过深入的分析，一种观点认为，既然政党相对候选人个体处于弱势的原因之一是国家补助金直接拨付候选人带来的影响，那么改革的想法之一就可以是把国家补助金先行拨付给政党，然后再由政党拨付候选人。”但是，因为并没有几个议员的利益是由较强势的党派来保证的，而对那些有志于竞选总统的议员来说，他们的愿望的实现目前看起来也并不是首先由所属政党来保证的，因此，这项改革在国会中获得推动的可能性不大。一个松散而较弱势的政党会给予政治家以相当大的机动性空间。[②]

（二）联邦总统对国家补助政党制度的态度

联邦总统至今为止总是来自两大政党，无论是共和党或者民主党的总统执政，他所有关于改革政党资金法律的动议也必定受到所属政党的影响。具体到某个政党的总统候选人个人，基于理性选择的假设，身为政党的一员，他也总是会最大限度地维护利于自己胜选的制度体系。虽然他口头上可能会是国家补助政党制

① Neal Avaliktos. The Election Process Revisited. New York: Nova Publishers, 2004, p. 87.

② Alexander Heard, Michael Nelson. Presidential Selection. Duke University Press, 1987, p. 243.

度最激烈的反对者。①

（三）最高法院在竞选融资改革问题上的态度与行动

在所有三权之中，我们可以假设最高法院受政党的影响最小、在规制政党资金问题上的立场也最公允，但是，同时也必须看到，最高法院在竞选财务问题上所主要依据的言论自由的宪法原则，与国家补助政党制度的设计原则是存在着张力的。

在美国宪法中对言论自由原则的强调之下，政党求募社会资金并不被视做政治违法行为，相反会被认为是促进了政治动员与政治参与；对社会成员来说，以“独立开支”等方式花费金钱来表达自己对现实政治的态度也是被法律所认可的。虽然这种开支方式不可避免地被政党所借用，成为调度竞选资金的又一种办法。“言论自由”带来的竞选费用不断攀升以及由此引发的经济力量对国家政治的干预乃至腐败行为的出现，就成了每次总统大选时社会抨击的话题。

国家补助政党制度承担起了校正这种现象的重任，制度所本的是民主制度中的平等原则，按照此原则，经济上的不平等不应该导致政治上的不平等，财政资金可以作为公正选举的资金前提。最高法院在这两个民主制度的共有原则面前，态度是坚定的，但是，其行动却不免是摇摆不定的。

如本书前面所介绍的那样，在竞选资金问题上最高法院作出过多项重要的判决。其一是在1976年巴克利诉韦利欧案中，最

① 在此问题上，罗纳德？里根是最典型的例子。罗纳德？里根从未给总统选举活动基金缴纳过任何税款，他口头上也一直反对用公民税金来补助政治竞选的想法。“在其总统任内，他同企图将国家补助金的覆盖范围延伸到议会选举领域的行为作斗争，1985年，里根政府甚至还提出了一个消除所得税缴扣金充入竞选补助金的税务方案。但是，在其三次问鼎党内总统候选人提名的过程中，他却总共接受了超过两千两百五十万美元的国家配套补助金。”参见 Anthony Corrado：Paying for Presidents：Public Financing in National Elections Twentieth Century Fund Press 1993，p37.

高法院援引宪法第一修正案对言论自由的强调导致议会通过了1976年FECA修正案；其二是在针对佛蒙特州1997年一项对候选人开支设限法律的判决中，最高法院判定该法律违宪，理由是限制了公职竞选者的言论自由；其三是2003年6月对BCRA有关条款的判决，但这次最高法院支持了BCRA对竞选资金的规制条款。

由此看来最高法院并不是一般地反对规制竞选资金，更不是反对国家补助政党制度。但是最高法院处在摇摆之中的事实却表明，如果要求政党用国家补助金支付所有政治竞选开支，并且从政党开支与收入上加强对竞选资金的规制，最终能够达到政党在竞选资金上的公平状态，但是政党也会因此成为死气沉沉的政治组织，公民的言论自由无法从政党这个渠道中得到体现；如果放松对竞选财务的约束，政党的理性本能又会驱使它们向社会求募尽可能多的政治捐款，整个国家选举会彻底变为一场不平等的金钱游戏——联邦最高法院的矛盾心态，不仅是国家在此问题上的矛盾所在，也是整个美国民主制度中价值理念内在张力的反映。

联邦议会、总统以及联邦最高法院乃至联邦选举委员会，四者都是有能力推动国家补助政党制度改革的实体性力量，但是由政党控制着的议会、受政党影响同时也在进行着自身利益考量的联邦总统以及两党联合组成的联邦选举委员会三者都希望借助国家补助政党制度达成有利于自身的目标，而唯一受政党影响最小的联邦最高法院，却身处两难之中，至此我们可以说，与美国财政补助政党制度有关的制度漏洞之所以层出不穷，最终的原因并不是来自哪一个国家机构，而是民主制度内部自由与平等的价值张力，使国家面对政党的种种行为不知何去何从。

小　结

1974 年《联邦选举活动法》修正案的诞生使美国国家补助政党制度的框架基本固定下来。美国财政向两大政党党内提名预选以及政党间的总统大选均提供国家补助，补助的来源由“总统选举活动基金”支付，基金来自美国纳税人的自愿扣缴。美国国家补助政党制度的漏洞较多，政党可以利用软钱、独立开支、议题襄赞等方式避开限制性条款也可以利用政治行动委员会、527 组织之类的组织形式化解掉国家利用财政补助制度加诸政党之上的融资与开支的限制，虽然针对法律漏洞的立法行为从来没有停止，但是美国财政补助政党制度中的漏洞始终没有得到完全的解决。

美国的财政补助政党制度使政党能够将国家补助及其附加的限制性条款变成可选项，并且可以根据竞选的形势不同而加以工具化的利用，而国家在政党面前由于宪法所强调的自由原则与平等原则的内在张力而面临着两难的选择境地，很难对政党的工具化利用作出有效的反应。

第四章　直接补助制度的难产与政党的新生

第一节　英国国家补助政党制度的产生、沿革及特征

一、独特的国家补助形式

时至今日，英国仍然没有实行国家财政直接补助政党的制度，而是通过减少政党在竞选过程中产生各种费用的方式对政党进行间接式的补助。虽然不存在着财政直接补助政党制度，英国对政党政治资金问题却并不是持放任的态度，英国国内对政党财务的法律规范也并不比任何一个西方国家来得少。和其他西方国家一样，这些规范与法律的出台常常是对政党选举史上政治资金丑闻或者竞选费用飞速上升现象的反应，但与其他国家不太相同的是，至少在2000年的《政党、选举与公民投票法》（The Political Parties, Elections and Referendums Act 2000 简称 PPERA）出台之前，英国有关规制政党资金的法律条款一直比较分散且不成体系，并且也一直没有一个代表国家享有一定职权的竞选财务

管理机构。

（一）英国国家补助政党制度的产生

20 世纪初叶，英国的普选制尚未实行，选举权与被选举权没有普及到广大的英国民众中去。这时的英国政党的主要活动常常是向一些没有什么特权的团体组织提供权利保障，而自己则作为当时民主制度的主要参与者。这个阶段的政党成员主要是一些地方显贵。随着时代的变化，英国政党也从地方性组织慢慢向现代政党转变，这时政党的资金开支开始更多地依靠一些土地有产者、工厂主以及银行家，政党候选人的竞选开支也多由候选人个人自己支付。这个时期的英国政党形态更像是所谓的“干部党”：政党党员就是政治精英，竞选费用主要也是靠政治精英个人的关系与能力来获得，政党成员以及政党本身也更多考虑以政治恩赐的方式动用政府的资源来为政党谋利。

但是很快，这种个人自掏腰包进行竞选活动的情况变得难以为继，随着功绩制的引入，公务员制度在英国巩固下来，政党可以利用的政治恩赐资源变得越来越少，于是希望以扩充组织层次、扩大社会支持基础的办法为自己筹得更多的政治资金，英国政党也开始了向“大众型”政党转型的步伐。

向现代化政党的转型与政党手中政治资金的增加，不久就导致了竞选费用的上升。由于下院议员主要是从英国的各选区选出，因此竞选费用飞速增加的趋势首先表现在选区层面，而非国家层面。

1880 年的英国议会选举成为那段时期内英国选举史上花费得最多的一次选举，这次高成本的选举随后引起了人们对于竞选过程中是否存在违法政治资金的猜疑。鉴于当时选举费用高企的原因主要是在地方选区之内的竞选费用过高，因此在 1883 年英国议会通过的《腐败及非法行为防止法》（the Corrupt Practices

Act of 1883，CPA）中，[1] 法律主要对候选人在其选区的竞选开支设置了上限，并且规定了竞选开支的开支形式，同时要求有意参加下院议员的政党候选人必须向选举事务主任（Returning Officer）呈报其所有竞选开支的情况，但是这部法律对国家层面竞选资金的融资与开支问题并没有触及，这给后来政党寻找法律漏洞提供了空间。

但在当时，一个最明显的漏洞就是"第三方政治组织"（Third Parties）的问题。[2] 这类组织在竞选时的开支与美国的"独立开支"颇具相似之处：他们表面上并不隶属任何一个政党，但是却会以自己的经费进行政治广告宣传，支持或反对某一个政党或候选人。第三方政治组织的开支立即被1918年的《人民代表权法（the Representation of the People Act）》所限制人民代表法第34条规定，非候选人希望通过开支影响某一个候选人的竞选结果的话，其能开支的金额在每个选区不能超过5英镑，违者将受刑事处罚。

虽然法律上的漏洞被暂时补救，但1883年的法律很快就在随后新的政党政治条件下显现出上述的缺点：在政党并未发展成为庞大的全国性组织时，法律对地方选区竞选开支的限制也许会

① 这部法律使英国成为历史上第一个对政党竞选开支设置法律限制的国家。

② 这里的Third Parties与美国的第三党是两个不同的概念，在美国"第三党"（The Third Party/The Third Parties）指的是除了民主党与共和党之外的一些小党，如美国独立党、美国家庭价值党、美国绿党等，这些政党的组成及目的都符合政党的一般定义及美国法律对政党的要求，但是这些政党首先是规模小、对美国社会的影响力小，其次对美国政局没有产生较大的影响，也都没有候选人能够问鼎美国总统宝座，因此，均被称为"第三党"。而英国的Third Parties，却是指在某次选举中并不参加选举的组织或个人，但却希望支持或反对某个政党或某个候选人的组织。因此，本书选择将其译为选举中的"第三方政治组织"。长期以来，英国选举中的第三方政治组织在选举时特别支持或专门反对某个政治候选人的开支是受限制的，但是在国家层面的限制却是始自2000年的《政党、选举与公民投票法》。

产生一定效果，但是随着政党的发展成熟，议会下院选举就不再仅仅是地方政治精英游戏，而是表现为在全国范围内政党之间的激烈竞争，这时，政党在国家层面上的开支增幅极大，致使中央政党的竞选开支很快就超过了地方。“某种程度上可以说，这样的法律缺陷的出现不足为奇，在十九世纪八十年代，选举竞争的主要焦点是在地区层面而非国家层面，在1880年大选时，仅仅百分之二的开支是由党的中央组织支付的。但竞选焦点由地方向全国层面的转移花了相当长的时间。”①

当然如果真正地限制住了地方层面发生的竞选开支，那么在全国层面发生的竞选费用也会相应地受到影响，但是事实情况是，英国政党政治的发展使政党以中央的名义在选区花费越来越多的资金，用来攻击其他政党的政策或意识形态，这实际上变相成了为自己政党候选人造势的活动。1952年的“里贾纳与楚诺矿业公司案”（Regina. v Tronoh，Mines Ltd. 1952）的法院判决最终宣告了地区层面竞选开支限制的无效。在判决中法院认为1918年人民代表权法有关条款的效力并不能简单地延展至全国性的总体性政治宣传之中，即使这种政治宣传会附带性地在众多候选人中帮助了某一个人的竞选。相应地，用来支持一个政党在全国所有选区而不是针对某一个选区的某一个候选人的政治广告，由此种广告产生的费用与人民代表权法中限制选区竞选开支的条款并不抵触，因而不受其约束。“自此，政党在国家层面的竞选活动不再受任何法律规制，重心在国家层次的竞选之路被彻底打通了。”②

① Navraj Singh Ghaleigh. Expenditure，Donations and Pulic Funding under the United Kingdom's Political Parties，Elections and Referendums Act 2000 - and Beyond? In：K D Ewing，Samuel Issacharoff：Party Funding and Campaign Financing in International Perspective. Portland：Hart Publishing，2006，p. 37.

② Ibid，p. 38.

既然选举的形式与内容都逐渐向国家中心靠拢，政党的中央党组织对地方党组织来说也相应地掌握了更多更大的权力、人力、物力，尤其是政治资金进一步向政党中央组织集中，此时由国家出面，以国库资金统一对政党进行补助也就有了可能。

（二）英国财政补助政党制度的内容

1. 部分直接拨付议会党的补贴。

如前所述，英国财政补助政党制度中的资金主要是在竞选时补助政党的某些具体竞选活动开支，这种间接补助是英国制度的特点所在。但这并不是说英国不存在直接拨付政党的国库资金，国家为了保证机会公平的需要，会向议会内的政党提供一部分资金，目的是出于国家帮助政党作为国家机器中的元素更好地履行自己的政治职能。这部分资金有两种：一种是提供给所有议会内符合标准政党的“政策发展特别拨款”（Policy Development Grants），另一种是只提供给议会内反对党的所谓“肖特款”（Short Money）与“克莱伯恩款”（Cranborne Money）。

政策发展特别拨款，与“肖特款”和“克莱伯恩款”一样，虽然是国家财政直接提供的资金补贴，但是因为只提供给议会内政党，因而严格意义上讲并不归属于本书定义的国家财政补助政党制度。以该项目名义提供给政党的补贴目的在于使政党更好地关注政治议题、调研政治事务、在自己的政党竞选纲领中能够提出更切合实际、行之有效的政策建议。政策发展特别拨款每年拨付，总额大约两百万英镑，由选举委员会管理并分配。

在 PPERA 第 12 条中，对政策发展特别拨款作了专门解释，要获得特别拨款，政党首先必须是已经登记在册的合法政党；其次，政党必须在议会下院中拥有至少两个席位；第三，政党必须依照 1866 年《议会宣誓法》宣誓。PPERA 规定特别拨款的总额每财政年度不超过二百万英镑。其中的一百万平均分配给符合上述条件的政党，其余一百万依照英格兰、威尔士、苏格兰与北爱尔兰境内政党政治的情况不同，再综合考虑选民人数后进行分配。不同的四个地区境内的政党所获得的拨款额经过各自地区内的调整后应该是相同的。

除此之外，议会中的反对党可以从国库接收两种补助，其目的均是出于国家帮助反对党在议会内更好地运作。

一种叫做“肖特款”（Short Money），这笔款项于 1975 年由当时的议会下院议长爱德华·肖特（Edward Short）引入实行，其目的是资助议会下院的反对党，以借此创造一个更公平的竞争环境，使反对党不至于因执政党拥有政府资源而失去太多竞争优势。①．目前这种财政补贴内容主要有三个组成部分。一是为资助反对党履行议会职责、执行有关事务而提供给其的总体性资金。这部分资金是以该党在最近一次大选中赢得的议会席位为准，加上以每获得的 200 张选票为加权数、乘以总得票数与基数计算后的结果来分配。具体资助总额每年根据物价指数调整。以 2002 年以例，计算公式为：每席位的 11411.45 英镑 +（22.79 英镑 × 得票总数 × 1/200）。二是提供给反对党的差旅费及相关费用。该项资金补助于 1993 年实施，其分配标准是以上述总体性资金的分配为依据，按照上述补助在补助总额中的比例来进行同比例分配。三是提供给反对党党首办公室的日常运作开支补助款。该款项每年支付一次，总额为五十万英镑左右，每年按照物价指数调整。②

---

① " Financial Assistance to Opposition Parties (" Short Money)," a memorandum by the Head of theFees Office, July 2000, available at http：// www. publications. parliament. uk/pa/cm199900/cmselect/cmpubadm/238/0111502. htm.

② Chau Pak Kwan：The Relationship between the Government and the Opposition or Minority Parties in Selected Places，Research and Library Services Division Legislative Council Secretariat 13 November 2002，http：//www. legco. gov. hk/yr02 – 03/english/sec/library/0203rp01e. pdf pp. 4 – 5.

另一种叫做“克莱伯恩款”（Cranborne Money）。该款项补助于1996年实施，以当时英国议会上院议长 Viscount Cranborne 的名字来命名。该款项主要提供给议会上院两个排名最大的反对党。总额为六十万英镑左右。①

除了上述直接提供给政党的财政金之外，英国和其他很多西方国家一样，也对议员个人提供津贴与补助。

2. 以间接补助为主的国家补助政党制度。

英国政党从国家处得到的间接补助（在英国也被称为“类补助 Subsidies in Kind”）主要来自以下方式：

（1）免费媒体宣传时段

英国1990年电视广播法（Broadcasting Act）规定政党不允许在广播、电视等媒体发布政治竞选广告，因此英国政党借助电视等媒体进行的竞选宣传时段主要由国家免费提供。同样是该法规定，商业电视第3、4、5频道以及对应的三个广播频道应当为政党提供免费政治宣传时段，2003 年通讯法（Communications Act）规定公共电视台 BBC 以及 S4C 两个商业电视频道也必须提供同样的免费服务。（独立电视台 ITV 频道还须为地方选举提供免费服务时间）

每个能够在大选时在全国至少六分之一的选区内推出自己候选人的政党均有资格获得免费政治广告时段，以供政党播出各自制作的电视广播宣传节目。免费电视时段分别为四分四十秒、三分四十秒或者两分四十秒，具体采用哪种时段的补助由政党自主选择。当然这种明显有利于大党的政策引起了英国众多小党的不

① Chau Pak kwan: The Regulatory Framework of Political Parties inGermany, the United Kingdom, New Zealand and Singapore, Research and Library Services Division Legislative Council Secretariat, 15 April 2004, p. 21. http: //legco. gov. hk/yr03 - 04/english/sec/library/0304rp05e. pdf.

满，但到目前为止，这种分配免费资源的方式仍然没改变。

政党在国家提供的免费时段进行的政治广告，成为英国选民了解政党与候选人的重要渠道。在非大选年，英国主持和管理商业电视的机构——独立电视委员会（Independent Tele - vision Commission，ITC）规定，商业电视台 ITV 频道以及 BBC 电视台在英国境内“政治日程中的重要时点”也必须提供免费的政治宣传时段，但这部分优惠时段只提供给英国几个主要政党。这些所谓的重要时点指议会正式开会、国家预算通过与政党大会召开等时间。①

这些免费广告如果按照电台电视台同样时段的商业价码估值的话，在大选年约为 6800 万英镑，在非大选年约为 1600 万英镑。② 这种形式的间接补助是英国财政补助政党制度中最重要的一项补助内容。

（2）选举过程中的免费邮件投递服务

1983 年《人民代表权法》规定，皇家邮政所在大选时负责为政党候选人提供免费投递政治宣传品的服务。政党候选人可以向其希望参选的选区内每一个邮政地址或每一位可确认地址的选民邮寄政治宣传品，参加欧洲议会选举与市镇选举的政党也可以享受这项服务。由此产生的费用最后由国家财政向皇家邮政所返还。大选年中国家财政支付的这部分费用一般都在 2000 万英镑左右。

（3）在选举时免费使用国有房屋作为集会或办公地点

这部分免费服务的提供也体现在 1983 年的《人民代表权法

---

① http://www.electoralcommission.org.uk/files/dms/Finalversion_ 7607 - 6718_ E_ N_ S_ W_ .pdf.

② Oonagh Gay，Isobel White and Richard Kelly：The Funding of Political Parties. Research Paper 07/34，2007，p16. http://www.parliament.uk/commons/lib/research/rp2007/rp07 - 034. pdf.

中》，所有参加国家议会选举、地方选举与欧洲议会选举的政党均可以依法要求提供此种服务。但是随着近年来竞选活动越来越少地采用公众集会的方式来进行，这部分的间接补助其实际价值并不高。

(4) 遗产税抵扣式的补助

与其他大多数实行税收抵扣式国家补助制度的国家不同，英国的税收抵扣式补助主要是以遗产税和资本利得税进行抵扣的。1975 年的《财政法》（the Finance Act 1975）以及 1984 年的《遗产税法（the Inheritance Tax Act 1984）》规定，纳税人的政治捐款可以在遗产税中得到无限额的减免，但是其政治捐款必须捐给在最近一次议会选举时至少获得两个以上议席的政党，或者这个政党必须获得至少一个议席但同时其候选人至少获得了十五万张有效选票，只有捐给这样的政党的捐款，才能得到税收减免。

纳税人捐给政党的非现金类捐赠，只要是能够以转账的形式支付的，也能够在资本利得税中得到减免，但接受其捐款的政党也必须满足上述条件。但从实施后的结果看，愿意以这两种方式从国库得到税务减免的纳税人并不多。对于有些人提出的，应当效法其他大多数国家以所得税作为税收抵扣主要形式的看法，英国国内税务局认为这种形式太难于操作，管理成本也会很高。因此，目前这种财政补助政党的形式还没有任何改变。

二、政党对补助制度态度的变化以及英国政党形态的转变

（一）英国主要政党财务状况

与美国政党融资过程中两党的财务资金来源越来越相似的情况不同，时至今日，英国保守党与工党的融资模式仍然存在着很

大差别。

“以工党赢得1945年大选、组成战后第一届政府为标志，工党真正开始了与保守党轮流执政的新的历史阶段”。[①] 在工党的崛起过程中，来自工会组织的资金援助起了相当大的作用，20世纪80年代以来，工党一半左右的政治收入均来自工会组织，相应地，工会在工党领袖的选举过程中也有很大的发言权。与此同时，工党还效法保守党的组织形式，致力于在各地方选区发展自己的组织，来自各选区的党组织收入到20世纪80年代也成为工党的重要收入来源。

保守党则在传统上受到来自企业、富有的个人与海外资金的捐赠，这种情况一直持续到现代，因为能从富翁级的个人和海外商人处持续获得资金，保守党在财务上长期对工党而言占有优势。以1983年至1987年为例，“工党党中央收入中，来自工会组织的捐款占到了74%，如果不计这期间工党得到的肖特款，工会资金进而占到了工党党中央总收入的79%。保守党方面，党中央组织得到的捐赠中，有50%到60%来自企业或类似的机构，1983年至1988年，这部分资金也占到了保守党中央总收入的43%到52%”。[②]

其他如自由党、社会民主党等小党大多高度依赖党员的党费收入。

随着英国政党政治的发展，以及大量新选举技术与手段在国家竞选中的应用，在英国也出现了政党竞相抬高竞选经费，而竞争对手为了赢得选举也不得不以多出对方的竞选费用来应对的“军备竞赛”（arms race）式的竞选财务形式。这种竞选形式使

① 顾俊礼：《欧洲政党执政经验研究》，经济管理出版社，2005年，第73页。

② Michael Pinto – Duschinsky. British Party Funding，1983 – 1988. In：Comparative Political Finance Among the Democracies. Boulder：Westview Press，1994，p. 25.

英国政党的竞选费用被不断推高，这一方面使得两大政党在政治融资方面穷于应付，但另一方面也使得许多小党被边缘化。英国两党政党的形成很大程度上与这种竞选财务形式有关。军备竞赛式的竞选开支模式也使得政治资金越来越成为两党关注与争议的问题，围绕竞选开支与政党财务的管理，保守党与工党均以立法为武器进行着长期的较量。

很难判断究竟是哪一方率先发现了这场较量，但是从目前的资料来看，1967 年的公司法（Companies Act of 1967）无疑是第二次世界大战后工党利用执政优势，立法改变两党资金竞争格局的第一步。

1967 年正值工党领袖哈罗德·威尔逊（Harold Wilson）执政时期，这也是第二次世界大战后工党时隔 13 年重新执政。当时的公司法要求，公司企业必须在其年度财务报告中列明所有超过 50 英镑的政治捐赠。[①]（后来这个数字提高至 200 英镑）当然工党推动公司法的动机并不仅仅是为了加强对企业政治捐赠者的控制，这个法律中也包含着诸如要求企业公开其保障残疾职工的政策、要求保障员工的工作安全与健康、企业必须在雇用职工方面听取工人建议等方面的内容，但是从工党利益角度看来，公司法的实施确实结束了之前企业政治捐赠没有任何法律限制的状况，而这也会使保守党的资金收入产生一定影响。

然而保守党方面也深知立法规制竞争对手财务资源的重要性。

工党资金大多来自工会，而工会天然的组织性与纪律性保证了它能够源源不断地为工党提供来自工会成员的资金。保守党显然认为，要削弱工党的影响力，必须从削弱其政治资金来源做

① Michael Pinto - Duschinsky. British Political Finance, 1830 - 1980. American Enterprise Institute for Public Policy Research, 1981, p. 11.

起。1984 年，时值保守党的撒切尔夫人执政时期，保守党以维护工会成员的自由选择权为旗号，在议会中通过了 1984 年工会法（the Trade Union Act 1984），这项法律要求各种工会组织必须每十年由其全体成员投票决定是否继续向政党提供政治资金，由于工会的政治捐款主要流向工党，因此这个法案的通过可以说是对工党在政治融资上的一次打击。从后来的情况看，各工会组织经过依法投票，基本上都同意继续向工党提供资金，因而事实上工党资金并未受到实质上的影响。

工会法实施后，一种意见认为需要对等地对企业等机构组织的政治捐款加以同样的法律规制，这不仅引起了普遍的争论，而且引发了参议院的立法行动。“1989 年 1 月，议会参议院以 106 比 93 票的票数通过了一项修正案，要求股份制企业的董事会主席非经股东许可，不得将股东资金用于非商业目的。党派色彩远不如议会众议员强烈的参议员们认为，是‘正义感’驱使他们作出了这项修正。但保守党控制下的众议院立即运用其议会多数优势推翻了这项修正案。”①

此后保守党直到 1997 年长期执政，这期间工党除了在政治融资上效法保守党的做法，在地方选区努力寻求自己的基层支持力量之外，也积极参与了与政党财务问题有关的议会调研活动，并且在 1994 年的内务专责委员会报告的起草过程中提出了多项显然是针对保守党改革意见，诸如公开捐赠者的信息，公开政党账目并接受独立审计等（长期以来英国只有工党自成立之始就主动公开政党账目）。

1997 年工党再次执政，执政伊始就声言将推动政党财务问题的改革。在执政之前工党早在其竞选宣言中声称因为工党已经

---

① Michael Pinto - Duschinsky. British Party Funding，1983 - 1988. In：Comparative Political Finance Among the Democracies. Boulder：Westview Press，1994，p. 26.

在公开政治捐赠方面先行一步，因此将要求各政党公开其所有政治捐赠的来源。同年9月，工党首相托尼·布莱尔在工党大会上也宣称，将推动有关禁止国外政治捐赠提案的通过，该提案中也将要求各政党公开其接受的五千英镑以上的政治捐赠。1997年11月，布莱尔要求公共生活标准委员会（the Committee on Standards in Public Life）①就有关政党政治资金问题展开调查研究，该调研由参议员尼尔（Neill）主持，因此也称尼尔委员会，1998年尼尔报告（也称公共生活标准委员会第五次报告）正式发表，随后工党政府经过努力，终于在2000年通过了《政党选举与公民投票法》（the Political Parties，Elections and Referendums Act 2000，PPERA），该法采纳了尼尔报告中除国家直接补助政党制度之外的绝大多数建议。

（二）《政党选举与公民投票法》

“2000年PPERA的通过，标志着英国一百多年来在政党财务问题上的最全面与最根本改革的完成。”②这部法律也是自1883年CIPA实施以来对英国政党资金的规制最全面的一部法律。其中的主要内容包括：

1. 建立起了管理政党财务问题的专职国家机构：选举委员会（Election Commission），规定这个机构独立于内阁政府，并且直接向议会负责。

在1998的尼尔报告中就已经提出了设立专职选举管理机构的建议：“我国选举中的诸多变化使我们确信应当建立起一个独立而有一定职权的选举委员会，此委员会应当有广泛的执行权与

---

① 建立于1994年十月约翰梅杰首相任内，其职责是在以下方面为政府提供参考：“检视所有公职人员的行为标准，包括与财政及商业行为有关的制度安排，同时向任何目前制度安排的改变提供政策建议，以期保证公共生活的最高标准。”

② Justin Fisher. Next Step：State Funding for the Parties. the political quarterly，2002，p. 392.

调查权，并且具备将相关个案提交选举法庭诉诸正义判决的权利。……选举委员会当负以下职责：负责政党登记在册事务、与选举事务主任的既存管理网络形成配合与联接、对选举事务有广泛的监督权、拥有一定的刑事起诉权。……我们也确信，政治图景与媒体技术发明变化如此之快，因此极需要有一个独立于政府的、能够对相关法规如何适应现状的发展提出有效建议与评论的实体组织，选举委员会也当担此责任。”[①] 2000 年的 PPERA 采纳了尼尔委员会的报告建议，明确了管理选举问题的专门机构：选举委员会（the Electoral Commission），规定选举委员会委员须由最少五人，最多九人组成，由英女王指定委员及委员会主席。要成为选举委员会的委员，必须在英国政坛上具有一定的影响力，但又不能与任何党派有较深的联系。委员于 10 年内不能在政党内担任要职，也不能有过参选经历，更不能是任何一个党的主要政治捐献者。一旦被任命为委员更不能参加上述活动。这在一定程度上保证了选举委员会的中立性。

2. 要求政党向选举委员会登记注册。

3. 对政党财务账户的公开及与此相关的政治捐款记录都设置了比以往更明确的要求。

所有捐献给政党中央组织的超过 5000 英镑以上的捐款或者向选区政党组织、政党分支机构捐献的超过 1000 英镑的资金都必须向选举委员会公布其来源，政党候选人与其帮选组织必须保留所有政治捐献的来源与金额记录，以便按时向选委会提交。在大选期间，只要政党参加了竞选，就必须每周向选委会公布所有 5000 英镑以上的政治捐款而无论最终政党是否接受了这些捐赠。所有超过 200 英镑的捐赠都必须记录在案而无论最终政党是否接

---

① Lord Neil of Bladen, QC: The Funding for Political Parties in the United Kingdom. Cm 4057 - I, 1998. p3.

受了这些捐款。

4. 对政党与第三类政治组织在国家选举过程中产生的竞选开支实施控制。

任何一个登记参与选举活动的第三类政治组织，如压力团体或工会组织等都必须向选委会公布其政治捐款。PPERA 同时将之前人民代表权法中规定的 5 英镑的选区开支限额提高至 500 英镑，但任何这类组织在竞选开支时都必须向选委会告知其意图。

5. 修改了国家选举活动中政党接受捐款与产生开支的有关规定。

就竞选开支而言，以独立候选人身份参选的个人竞选开支在 1983 年人民代表权法中已经有了规定，PPERA 对已登记政党的竞选开支设置了最高限额，其主要目的是限止军备竞赛式的竞争导致的竞选经费总额攀高。政党的竞选开支被详细地界定，既包括制作政党广告、宣传海报、进行政治集会等直接费用，也包括所有有助于本党人士竞选的间接费用。在全国大选年政党的全年竞选开支应受以下两种限额之一的约束：

（1）3 万英镑 × 政党参选的选区数，或者

（2）英格兰境内 81 万英镑，苏格兰境内 12 万元英镑，威尔士 6 万英镑。

政党最终要受数额最高的那种限额的约束。

对捐款者来说，所有超过 200 英镑的捐款都必须受 PPERA 法律约束，如少于 200 英镑则不在该法的约束范围内。对政党来说，可接受的政治捐款总额没有限制，但不接受匿名捐款与海外捐款。捐款者也不再享受任何税务抵扣优惠。

6. 对国外政治资金进行了限制。

PPERA 诞生之前，英国都没有法律对国外政治捐款做过具体规定，这也导致了 90 年代众多丑闻的产生。PPERA 立法限定了捐款人资格，对个人和企业的捐款条件都进行了限制，对企业

的限制是以公司的注册地，是非所有权为标准来衡量的。对股份制公司来说，必须经股东同意方可进行政治捐款。

2000 年 PPERA 中有些条款是明显针对保守党设置的。

首先是对政党公开财务账目的要求，长期以来，英国没有专门规范政党财务的法律，也没有要求政党公开其财务状况的具体要求。只有英国工党自 1906 年建立以来一直坚持每年公布其账户情况，保守党方面直到 20 世纪 60 年代末期，都没有公开过与政党财务有关的账目，其官方的政党声明中长期以来只包括保守党在各选区的收入情况与接受的政治捐款情况。但是，就保守党而言，其来自各选区的政党收入只占全部政党政治资金收入的极小一部分比例。因此在经费透明化问题上，保守党基本上一直是以维护“政治自由”为借口加以反对的。PPERA 中对政党财务账目的透明化要求比以往所有法律都更加严格，就是希望结束只有工党公开财务的历史，使保守党的财务来源也处于监管之下。

其次是对公司企业捐款的限制，任何利益集团与工会组织都必须向选举委员会呈报其政治捐款额，而在此之前，工会组织针对工党的捐款早就已经是公开的信息了，因此，保守党显然会面临这项条款带来的更大压力。

第三是对海外政治资金的限制，考虑到保守党的党库收入长期依靠着的就是来自企业与海外的财力支持，PPERA 的实施不能不说是对保守党融资活动的一种负面影响。

因此可以说，2000 年的 PPERA 是工党在政党财务问题上目标达成的一个重要标志。但是工党唯独没有采纳尼尔报告中的国家财政直接补助政党制度，原因何在呢?

（三）“难产”的直接补助政党制度

从第二次世界大战后的事实来看，工党并不是始终反对国家直接以财政资金大规模地补助政党，恰恰相反，工党一度还对这种制度的实施提出过强烈的要求。“在整个 80 与 90 年代，政党资金问题都是英国政党政治中一个备受关注的话题。工党与自由民主党以及众多的学者、媒体、智库等都要求改革现行政党财务制度，以国家财政直接补助政党，但是这期间一直执政的保守党政府的态度却是拒绝承认政党财务问题已经严重到了影响英国民主政治的程度，认为政党资金的志愿捐赠性质是民主制度下政党政治的特性，因此拒绝由国家拿出更多的钱来补贴政党。”① 由此可见，起初反对国家直接补助制度实施的恰恰是当时在政治资金问题上占优的保守党，而工党对这种财政提供的大规模补助则是持欢迎态度的。

在保守党自20世纪80年代初至90年代末长达18年的执政过程中，由其所控制的政府一直以维护自由的名义反对国家直接补助制度的实施，除了其所宣称的意识形态的解释之外，保守党的真正目的更有可能是通过反对国家直接补助，断绝工党与其他党派在各自财源之外获得政治资金的另一条重要渠道。这样的猜测并非主观随意为之，而是基于在意识形态上与保守党存在很大差别的工党执政后的行为所做的判断。

如前所述，工党在1997年执政之后，立即被曝光出与政治资金有关的丑闻，同时也面临着如何兑现自己在竞选时声称的改革政党财务管理制度的问题，但是从其执政后的一系列实际决策看，工党已经基于自身利益考虑，放弃了之前对国家直接补助制度所持的欢迎态度，对这种制度的意见开始变得暧昧起来。

整体上来讲英国政坛对国家直接补助政党制度并不是长期持负面看法，“二战”后至2000年PPERA实施之前关于国家财政补助政党制度在政府主导下至少发表过五份有分量的建议报告。

---

① Graham P. Thomas. Should Political parties be funded by the state? in Lynton J. Robins, Bill Jones: Debates in British Politics Today. Manchester: Manchester University Press, 2000, p. 158.

它们是1976年的霍顿委员会报告、1982年和1992年的汉萨得社会报告、1994年内务专责委员会报告以及上文提到的1998年尼尔委员会报告。

最早至少在1976年即有财政援助政党委员会（即霍顿委员会，the Houghton Committee）在相关报告中提出了相当详尽的国家财政补助政党制度细节。该报告建议实行国家补助占政党政治资金很大份额的制度形式。具体内容为：首先，国家向符合以下条件的政党提供财政补助，分配的依据是按照政党在最近的一次总选举中的得票，每获得一票，便可以得到每票5便士的补助：政党至少在六个选区为其推荐的候选人提供了保证金，或者政党中有两个以上的候选人被选为国会议员，或者政党的候选人至少有一人被选为议员同时获得了至少十五万选票。这部分国家补助将由国家每年提供。其次，政党候选人如果得到总选举中八分之一以上的选票，那么，将可以获得国家在开支限额之内的一半的财政补助。但是该报告的建议内容并没有被实施。

汉莎社会（Hansard Society，英国重要的独立非党派政治研究与教育机构）在1982年与1992年提交的两份报告中，也建议实行国家财政补助政党制度，具体建议是，1982年报告中建议达到法律要求的政党每得到2英镑捐款，国家将配套补助另外2英镑，但是对任何一笔捐款中超过2英镑的部分将不实行任何补助，希望以此来吸引小额捐款以及刺激政党发展党员。

在提交1992年汉萨得选举与竞选报告的小组成员中，对国家补助的具体实施意见存在一定分歧。一部分成员倾向于霍顿委员会报告中的模式，而另一部分成员倾向于向只要获得了一定比例选票政党都提供一定量的国家补助，其他的成员倾向于仅建立起间接国家补助的形式。最终，委员会的报告中推荐类似美国实行的税务专项基金扣除模式。

1994年，英国下院内务专责委员会（the Home Affairs Select

Committee）成立，但终因其中的党派分歧而使该委员会没有就有关问题达成比较一致的看法。委员会既没有采认汉萨得 1992 年报告的提议，也没有认同 1976 年霍顿委员会的建议。该委员会最终只对限制开支与捐赠来源等方面达成了部分一致意见。

在 1998 年尼尔报告出炉之前，工党刚刚经历过一场类似政治资金丑闻的事件。工党执政之前，其党员、后在工党政府中任外交大臣的议员罗宾·库克曾经就保守党的融资方式发难，声称：商业人士接触大臣的途径不能以金钱购得，不能用秘密向保守党输送金钱的方式来影响国家政策的制订。但是在工党执政之后，尽管在早些的政党声明中保证过取缔烟草类广告，然而政府却在后来宣布某家烟草公司不在禁令效力之内。此后不久，人们发现在工党政府做出豁免决策之前，工党首相布莱尔刚刚与这家公司的管理者进行过会晤，而且从其手中得到了一百万英镑的赞助工党竞选的政治资金。事发之后，工党声称在咨询了帕特里克·尼尔爵士之后工党决定将这笔款项归还给捐款者。但是人们仍然存有疑问：工党为何在媒体揭露上述事实之前没有咨询尼尔爵士，而偏偏在事件被曝光之后却立即咨询了其本人。① 这位当时刚刚被任命为公共生活标准委员会主席的帕特里克·尼尔爵士就是那位被布莱尔委托调研政党财务问题提出了 1998 年尼尔报告的主要责任人。

1998 年的尼尔委员会报告（也即上文提到的 CSPL 第五次报告）倾向于认为只要有效地限制了竞选开支，就能有效地阻止政党过度依赖大额捐款者的趋势，因此委员会希望加大政党资金透明化的力度，同时推荐以税收抵扣的方式刺激众多的小额捐

---

① Fuelling the political machine: state funding of political parties and limits on expenditure would create more difficulties than they solved, Economist 1997. 11: 5; 345: 37 - 8.

款。但是，委员会反对国家财政直接补助政党，仅支持国家对议会中的反对党（尤其是对反对党的领袖）提供补助，同时支持对符合有关资格条件的政党提供政策发展基金。[①] NEILL 委员会的报告得到了舆论的普遍欢迎，同时也为工党政府所接受，因为很显然，其中的大部分建议均与工党的提议一致。但是在有关税务抵扣形式的间接国家补助制度方面有了例外：尼尔委员会推荐的对政治捐款的所得税抵扣一直为工党所强烈反对。[②] 据分析，工党政府拒绝采纳这种国家补助政党制度的原因主要有三点，“一是这可能导致纳税人为自己反对的政党提供了资金支持；二是这种制度会使管理成本增加；三是该制度很可能最终在实践中成为仅仅对保守党有利的制度，国家补助可能成为专属保守党的补贴。”[③] 很明显这三个原因中，第一与第二个原因经不起分析：只要不是采用类似美国那种专项基金课税的方式一般都不会造成使纳税人税金支持了他所反对的政党的现象，或者只要采取纳税人明示扣税方向的办法，税务抵扣也不会支持纳税人所反对的政党；对第二个原因，实际上所有实行税务抵扣式补助的国家，管理成本都是必不可少的。而且，事实在英国已经存在着对慈善组织捐款的税务减免制度，以管理难度大为借口显然很难站得住脚。因此，真正驱使执政的工党反对这项建议的更可能是第三个原因：传统上保守党的支持者都是那些在社会中比较富有的人士，本来这些人就已经存在着向保守党捐款的愿望，如果他们的

---

① Cm 4057 - I，1998，paras 520 - 527.

② K. D. Ewing. The Cost of Democracy：Party Funding in Modern British Politics. Oxford：Hart Publishing，2007，p. 20.

③ Navraj Singh Ghaleigh. Expenditure，Donations and Pulic Funding under the United Kingdom's Political Parties，Elections and Referendums Act 2000 – and Beyond? In：K D Ewing，Samuel Issacharoff：Party Funding and Campaign Financing in International Perspective. Portland：Hart Publishing，2006，p. 54.

这部分捐款又能够在税收中得以减免，那么势必导致那些拥有较高所得的人更乐于对保守党进行政治捐赠。

这种间接补助制度最大的受惠者并不是工党，因此工党最后以国库难以支撑此类间接补助为由拒绝了该项建议。制度不能带来实际对自身有利的结果，因此就会被执政党以各种原因加以推托，这也就是为何工党唯独不采纳尼尔报告中的国家补助政党建议的真正原因。

除了这些由议会或社会组织发表的报告之外，选举委员会在2004年也曾经发表过有关报告，对政治资金问题的规范提出了很多有益的政策建议，其中有关国家补助政党制度的建议有：

1. 适当增加政策发展特别拨款的数量，同时扩大其实施范围将这笔资金提供给更多的政党；

2. 向工党政府着重推荐税务抵扣式的国家补助形式；

3. 将原有向政党在国家层面的选举时提供的免费邮政服务式的补助形式扩展到地方选举中；

4. 提议建立类似美国的匹配补助制度，以政党从社会中募得的资金多少来决定国家提供的补助额；或者建立税务抵扣式的国家补助制度，在一定限额内（例如200英镑）向进行政治捐赠的公民减免其所得税；

5. 建议任何将来可能实施的国家直接补助政党制度必须与接受政治捐款限额的义务相挂钩，因为无论未来可能实行的是匹配补助制度还是政治捐款税务抵扣制度，只要规定政党只有接受单笔资金在某个限额之下的捐款才能得到国家补助（类似美国对每笔在250美元以下的捐款才会提供国家匹配补助），那么政党为了获得更多的资金，必然会努力在民众中寻求更广泛的支持。[①]

但是工党政府对这个既有建设性又有可操作性报告的反应仍然是耐人寻味的：政府一直没有对选举委员会的报告作出任何正式回应。直到 2005 年 1 月，英国绿党在上院的唯一一位议员代表向政府质询是否决定扩大政策发展特别拨款的实施范围时，一位工党的大臣才回应说，政府刚刚拿到选委会的报告，正在仔细研究报告中的建议，但还不能就这些报告作出什么确定的决策。[②] 很显然，工党对这份报告中所重点推荐的税务抵扣式的补助制度同样不会有太大兴趣，原因如同工党在 2000 年 PPERA 通过时并没有采纳这种制度一样，都是唯恐国家补助制度会施惠于中小党派，而税务抵扣式补助尤其会使自己的最大竞争对手保守党得利。联系到保守党执政时对国家直接补助的态度，我们可以说正是工党与保守党这种基于自身利益的计算，导致了英国财政直接补助政党制度的难产。

围绕政党财务问题发生的一些最新事态也许更能证明我们对工党与保守党在国家补助政党问题上的推测。

最近的一次针对国家直接补助政党制度的国家调研与报告发生于 2006 年曝出的英国工党以贷款换爵位的丑闻之后。在那次事件当中，工党涉嫌以授予某些大富豪以爵位为条件，换取来自这些富豪的商业利率贷款，当然，按照现行法律，这种形式的贷款是无需向选举委员会呈报的，但是由于工党在作为反对党时一

---

① ElectionCommission：The funding of political parties：Report and recommendations on the funding of political parties. 2004 http：//www. electoralcommission. org. uk/files/dms/partyfundingFINALproofs_ 15301 – 11394_ _ E_ _ N_ _ S_ _ W_ _ . pdf.

② Oonagh Gay，Isobel White and Richard Kelly：The Funding of Political Parties. Research Paper 07/34， 2007， p36. http：//www. parliament. uk/commons/lib/research/rp2007/rp07 – 034. pdf.

直猜疑保守党进行过的类似行为并对这种行为进行过猛烈抨击，因此，事件的披露，无疑是对工党在政党财务上一贯标榜的清洁形象的极大讽刺，工党也因这件事情遭受到了执政以来最严重的危机，这件丑闻的发生也是促使工党首相布莱尔提前辞职的重要原因之一。①

2006 年工党的贷款换爵丑闻被曝光之后，作为平息公众压力的手段之一，当时的工党领袖、首相布莱尔委派海登·菲利普斯（Hayden Phillips）爵士组建调研委员会，再度考虑利用国家财政直接补助政党的可行性。并且在当年的通过的 2006 年选举管理法中也针对政党贷款提出了一些规范条款。

这时保守党对直接补助制度的态度已经完全改变，在 2006 年 3 月 20 日发表的改革意见中，保守党不仅针对换爵丑闻提出要对来自大捐款者的政治捐赠进行限制（这项建议对工党的负面影响更大），还专门提出希望实施税务抵扣式国家补助以及选后返还竞选经费式国家直接补助政党制度。②“这项建议的提出，标志着保守党与其过去敌视捐款限额与国家直接补助政党态度的

---

① 在保守党执政时期，以政治捐款换爵位的做法也并不罕见，该党也一直为类似事件不断被揭露而被舆论所诟病。对荣誉授予制度的滥用一直是英国政治中的沉疴之一。1925 年的《（防止滥用）荣誉法》的产生就是当时曝出利用荣誉授予制度谋求私利丑闻的后果。该法规定，利用授予爵位等荣誉来谋取个人或政党利益属非法行为，但是在实际操作中，由于没有严格的监督审查制度，爵位的授予权基本上掌握在执政党首相的手中。在工党于 20 世纪 90 年代初赢得政权之前，保守党对荣誉授予制度的利用基本上是公开的秘密。根据工党研究机构的分析，保守党执政的 1979 至 1993 年期间，保守党的十大企业捐赠者之中，有八个企业的高层管理者总计获得了七个贵族封号和八个骑士封号。参见 Stuart Weir，David Beetham. Political Power and Democratic Control in Britain. London：Routledge，1999：p. 94。

② Andrew Tyrie MP：Clean Politics，2006. P9. http：//www. conservatives. com/pdf/cleaninguppolitics. pdf.

决裂。”①

2007年3月海登报告正式发表，这份报告首先表示赞成实行国家财政直接补助政党制度，并强调了国家实施这种制度的重要性，然后推荐了两种国家补助制度的具体实施方式。一种是依照政党在选举中所获得的选票多少分配补助金，另一种是以匹配补助的形式，按照政党党员捐赠的多少进行对等比例的补助。报告推荐对政党获得补助金设置资格限制，即政党在得到国家补助之前必须要在议会选举中得到至少两个议席，不符合条件的政党不能得到补助，但也不必遵守对捐款的有关限制。

（四）工党的新生

按照本书综述时介绍的彼得·梅尔的看法，理论上现代政党的典型性类型应当是“卡特尔型政党”，这种类型的政党在政治资金来源方面的特征就是国家补助金。但是，结合英国情况我们应该可以说，梅尔的卡特尔型政党模式中政党资金固然主要来自国家补助，但并不因此说没有国家大规模的直接补助，政党就不会向卡特尔型政党转化。英国政党政治的实践证明，“二战”以后，保守党与工党都在向这种形态的变化之中。由于“二战”后在意识形态与政策行为上转变最大的当属英国工党，因此，为了行文的清晰，我们的分析主要以工党为重点展开。

以政党演进的起始点而言，工党与保守党转变的历程很难分得清孰先孰后，而且转变过程中的一些具体主张也呈现越来越相似的趋势，“与战后其他时期相比，在最近六年左右的时间里（1964—1970），英国的选举体制发生了重大变化，这与以下情况有关，工党和保守党越来越放弃他们的传统主张，全力以赴讨

① Oonagh Gay, Isobel White and Richard Kelly: The Funding of Political Parties. Research Paper. 07/34, 2007, p39. http://www.parliament.uk/commons/lib/research/rp2007/rp07-034.pdf.

论那些可以更好地达到某种共同目标的问题，特别是在不出现支付危机的基础上实现经济增长和充分就业。"[①] 但是，我们还是可以分别从各自的发展过程中归纳出两党，尤其是英国工党的转变历程。而且，工党在其1987年连续第三次大选失败后开始了一个自称为塑造"新工党"的计划，这使得我们可以从这项计划产生与发展的历程中来比较准确地推断工党在政党现代化转型问题上的主观意图。

从工党的主观态度来说，塑造所谓"新工党"的历程如果不是工党在其1987年连续第三次大选失败，也许会开始得更晚：尽管工党在选举手段上变得比以前历次选举都更老练，但是仍然不情愿地遭遇到了1987年的失败，这促使工党反思自身的定位与改革问题，塑造"新工党"的努力就此开始。1989年工党改革了自己并不广受欢迎在包括税收、国防、公共产权等问题上的一系列政策倾向，同时开始改变对市场经济的政策态度；1992年工党连续第四次在大选中败北，政党领袖轮替，工党开始学习借鉴美国总统候选人克林顿的竞选手法，同年，有关减少工会在工党内权力的规定在政党大会上通过，工党开始集中权力；1993年旨在于政党领袖选举时减少工会发言权的规定在党内通过，权力进一步集中；1994年，约翰·史密斯逝世，由托尼·布莱尔继任工党主席随后在工党大会上宣示"新工党，新不列颠"的计划，声称将加速推行工党的现代化；1995年，召开特别政党大会，修改党章及重新解释工党立场，布莱尔通过将工党首席组织秘书[②]产生方式由原先工党议员选举改为由工党主席委任等方

① ［美］巴利：《社会学家、经济学家和民主》，舒小昀等译，江苏人民出版社，2007年，第103页。

② 是英国政党在立法机构中的一种制度设计，该组织秘书直接受其政党控制，具有强制执行党纪等职责。

法加紧了对政党的控制，工党“竞选及媒体中心”也于同年设立；1996年，工党宣言“新工党，新不列颠”公布，其中“新”字出现了一百余次，工党认同了党员的党内投票权，党员数于当年达到三十多年来的新高：四十二万多人，已经超过了保守党的党员人数；1997年工党以其党内历史上从未有过的议席数在议会选举中大胜，履职之前，布莱尔强调他使“新工党”运转了起来，也会以“新工党”治理英国。[①]

总的来说，“通过党的组织改造，布莱尔重塑了领袖的权威，恢复了议会工党的权力，重新控制了全国执委会，并使左派边缘化，实现了对党的有力领导；加强了个人党员的地位和作用，激发了个人党员和基层组织的政治热情和参与能力；扩大了工党的社会基础和政治影响。总之，使工党得以脱胎换骨，以一个崭新的面貌——‘新工党’——出现在英国的政治舞台上。”[②]

这时，保守党从大败中清醒过来：保守党的进一步现代化也开始了。虽然一直以灵活的意识形态与现实政策显称，但英国保守党仍然力求以更灵活的态度从意识形态、组织结构与政治资金融资方式等方面展开自己建设“新保守党”的历程。

如果根据彼得·梅尔对现代政党形态的划分标准，我们会很难判断英国工党究竟处于这一系列形态划分的哪一个阶段：从时间上来看，1997年执政之后的所谓“新工党”显然处于“卡特尔政党”滥觞的时期，但从政治性资源的分布水平来说，却基本上仍属于由相对集中的工会提供支持的“大众型政党”阶段；如果从政党竞选的运作性质上看，工党属于人力密集与资本密集交结的“全方位型政党”阶段，但如果以政党在市民社会与国

① Anthony Wright. The British Political Process: An Introduction. London: Routledge, 2000, pp. 99 - 100.

② 顾俊礼：《欧洲政党执政经验研究》，经济管理出版社，2005年，第95页。

家间的位置来看，英国工党无疑已经属于“政党成为国家的组成部分”的“卡特尔政党”类型。在此本书无意对产生这种现象的原因作细致的分析与解释，但是根据以上所有的分析，我们至少可以谨慎地得出一个结论：英国工党所推动的改革证明其仍处在所谓“政党现代化”的过程之中，但是在这种由工党的主观改革意图所推动的政党转型过程中，由于不存在国家财政直接补助政党的制度因素，因此，这种制度并未对英国政党的演进产生直接的影响作用。

三、英国国家财政补助政党制度的特征

（一）在2002年PPERA出台以前，英国管理与规范政党财务以及财政补助政党制度的法律过于分散，这使得国家管理政党资金较其他西方国家而言成为一项很复杂的工作。

（二）对政党主要以间接方式提供补助是英国财政补助政党制度的重要特征之一。

（三）英国两大政党之间围绕政党资金问题一直在利用立法进行一场制度战争，其目的就是为了依靠法律合法地削弱对方的资金优势，巩固并增加自身的优势所在。基于这个原因，在国家直接补助政党的问题上，两大政党与其他的一些中小党派各有算计。但长期以来轮流执政的两党的利益计算会最终决定国家直接补助政党的实施时间与具体实施形式。

第二节　国家财政补助政党制度在英国政治中的影响分析

一、英国政党形态的演进与国家补助政党制度

如前所述，英国至今也未诞生出国家财政直接大规模地补助政党的制度类型，但这并不代表政党无法利用这种制度。就英国间接式的国家补助制度而言，制度的规则表面上看起来显然会比其他实行直接补助的国家更公平一些，但考虑到英国政党政治实践中对政治资金的极度渴求，这种间接补助长期延续、政治资金极度匮乏而直接补助制度则迟迟不出现的情况反而值得我们作进一步的追问。

但是在解答制度难产的原因之前，我们不妨先看一下英国政党，尤其是英国工党的新生过程。通过上面的分析我们至少已经可以得出一个十分谨慎的结论，由工党的主观改革意图所推动的政党转型证明其仍处在所谓“政党现代化”的过程之中。而英国并不存在国家财政直接补助政党这一事实则表明，直接财政补助并没有在工党的政治转型过程中起到任何直接作用。也就是说，政党政治研究专家所提出的“卡特尔型政党”的重要特征之一：“国家补助成为政党的主要收入来源”，可能不应成为判断英国政党转型完成与否的标准。政党在没有国家大规模直接补助的情况下，也会向现代政党形态转变，尽管这种转变的过程会更缓慢一些。

二、缓慢的立法进程与国家的模糊位置

从上述介绍我们可以看到，虽然英国身为老牌资本主义国家，且在西方民主发展中往往成为别国立法的重要效仿对象，但是在有关政党资金问题与国家补助政党问题上英国的立法进程并不比其他国家来得更快。这似乎很符合诞生于英国的古典保守主义政治哲学“渐进”与“试错”的思想精髓，但是，与古典保守主义内含的妥协思想相一致，英国在有关政治资金与国家补助政党问题上立法进程缓慢的现象，其实也是英国政坛两大政党角力过程中竞争与妥协的产物。

由于实行议会内阁“议行合一”的政治体制，政党一旦控制了议会多数也就自然控制了行政权，这使得控制了立法权与行政权的英国政党实际上比在总统制下的美国政党更有可能对有关立法过程进行控制。单就某一个政党而言，情况似乎更是如此：在美国的总统制架构下，民主或共和某一政党即使赢得了总统选举，也不一定就能控制得了议会多数，多数情况下，美国总统必须在立法问题上与议会进行长期复杂的权力较量，这时，美国有关政党资金问题的立法更像是两党就共同利益的边界达成一致的过程，任何一个大党执政都不能在关键问题上抛开另一大政党的利益诉求。但是在英国，赢得了议会多数的某一个政党也就控制了行政权力，它对立法进程的控制相对而言更呈现独大的状态。某一政党一旦控制立法与行政权就可能更倾向作出有利于自己政党利益而非两党共同利益的立法行为。换句话说，英国的政治体制使执政党与在野党不大容易共同划分出两党共同利益的清晰边界所在，因此，在工党执政时，可以借助立法削弱保守党的政治资金基础，而保守党执政时，也必然以同样手段回报工党，本章已经在行文中详细介绍了工党与保守党长期以来在政治资金问题

上的立法较量过程，从中可以看到，对政治资金问题的立法规定整体来看确实是对所有政党的约束，但是分开而言，其实是工党与保守党互有进退、互有得失的立法较量的体现。这样我们也就可以理解为何在英国，管理政治资金的具体法条长期以来并非以专门法的形式出现，而是分散于各种各样的法律之中。

国家财政直接补助政党制度“千呼万唤不出来”的情况，当然也是上述这种立法较量的体现。因为始终不存在国家直接补助政党的情况，所以我们也很难看出国家在这个问题上的具体态度。但是，英国的个案无疑提示我们，如果我们将问题反过来看，这正是证明了国家在此问题上的无奈：从国家角度看，当然希望早日结束相关法律分散而难于管理的现象，通过向政党提供直接补助金，进一步加强对政党资金问题的监管与控制，但是在英国政治体制下只有等待一些偶然性的因素（如上文提到的影响极其恶劣的密集的政治资金丑闻的出现，或者英国政党政治资金赤字的进一步恶化），使政党不得不认真考虑借助国家直接补助时，类似制度才有诞生的可能。

从这个意义上讲，不存在国家直接补助政党制度的英国，反而可以成为政党将此制度作工具性利用的重要的反向论证。只不过在英国，政党不是利用国家直接补助金，而是利用这种制度本身，将是否采用这种制度当做保持自身优势的工具性策略之一。

小　结

英国没有实行国家财政直接补助政党的制度，而是通过减少政党在竞选过程中产生各种费用的方式对政党进行间接式的补助。虽然不存在着财政直接补助政党制度，英国对政党政治资金问题却并不是持放任的态度。英国政党从国家处得到的间接补助主要来自免费媒体宣传时段、选举过程中的免费邮件投递服务、在选举时免费使用国有房屋作为集会或办公地点、遗产税抵扣式的补助。随着英国政党政治的发展，以及大量新选举技术与手段在国家竞选中的应用，在英国也出现了政党竞相抬高竞选经费的军备竞赛式的竞选形式，这既大大增加了英国政党的竞选费用，也必然导致进一步的约束性法规的出台：2000 年《政党选举与公民投票法》的通过，标志着英国一百多年来在政党财务问题上的最全面与最根本改革的完成，同样这也是自 1883 年以来对英国政党资金的规制最全面的一部法律。其中按照法律规定建立起了管理政党财务问题的专职国家机构：选举委员会、对国外政治资金进行了限制、对政党财务账户的公开及与此相关的政治捐款记录都设置了比以往更明确的要求等，但是与以往的历次有关立法一样，法律中的很多具体条款也渗透着两大政党在政治资金问题上斗争的影子。

英国工党所推动的改革证明其仍处在所谓“政党现代化”的过程之中，但是在这种由工党的主观改革意图所推动的政党转型过程中，由于不存在国家财政直接补助政党的制度因素，因此，这种制度并未对英国政党的演进产生太大的影响作用。

从“二战”后的事实来看，工党并不始终反对国家直接以财政资金大规模地补助政党，恰恰相反，工党一度还对这种制度的实施提出过强烈的要求，但长期执政后的工党因为也获得了和保守党长期执政时一样的执政优势，因而对国家直接补助政党的态度十分暧昧。因为长期在野，保守党也已经改变了对直接补助制度的排斥态度而变得积极起来。

英国的个案同样证明了政党将国家补助政党制度作为工具性的利用，不同其他存在直接补助制度的国家，英国政党的这种利用不是直接利用国家补助金来维护政党的利益，而是将是否采用这种制度当做保持自身优势的工具性策略之一。

第五章　政党国家下的大规模补助制度

第一节　德国国家财政补助政党制度的沿革及特征

一、《基本法》与财政补助政党制度

与大多数西方国家不同的是，德国在其国家根本大法、作为宪法的《基本法》中，就对政党的地位作出了明确的阐释，这种在宪法中标明了政党地位的作法，为德国财政补助政党制度的产生奠定了根本性的法理基础。

《德意志联邦共和国基本法》，简称《基本法》，于1949年5月获得通过并生效。第二次世界大战之前德国政党的独特历史背景，使得战后的德国宪法《基本法》对政党的地位作出了特殊强调，这些针对政党所作的规定主要体现在《基本法》第二十一条中。

《基本法》第二十一条规定：

（1）政党参与人民政治意志决策的形成。政党的建立是自

由的。政党内部秩序须符合民主原则，政党必须公开说明其经费来源和使用情况以及财产状况。

（2）政党宗旨或党员行为有意破坏或推翻自由和民主的基本秩序，或有意危害德意志联邦共和国的生存的，该政党属违反宪法。政党违宪由联邦宪法法院予以裁判。

（3）有关政党的具体（规定）由联邦法律予以认定。[①]

政党在战后德国重建的一开始就在政治生活中较之其它社会团体组织享有了更加独特的地位，在德国政治之也扮演了更重要的角色，这与政党的地位在《基本法》中的保障是分不开的。宪法强调了政党的特性："参与人民政治意志的形成"，也规定了政党内部运作的民主原则，这一定程度上可以看作是对战前德国政党政治中专制独裁力量的反思与提防，但是既然宪法已经声明除了第二十一条第二款之外政党均属合乎宪法而存在，那么在现实政治中也必须存在相应的制度安排来保证政党的生存与发展。"《基本法》第二十一条关于德国政党在政治过程中地位的做了特殊强调，因此，也就无怪乎有关法律在一开始就鼓励政党出于履行宪法特殊地位的目的来要求得到国家财政补助。"[②] 也就是说，正是德国宪法：《基本法》对政党地位的明确阐述，使德国政党从第二次世界大战后政治重建过程的一开始就享有了相当的合法性，也正是德国政党享有的这种被宪法阐明了的地位，使它们可以理直气状地要求从国家那里得到财政支持，而不必象有些国家（如政党登记法实施之前的英国或者建国初期的美国）那样，先要努力证明政党自身是民主政治不可缺少的要素之一、

① 参见德国司法部中文版《基本法》，http：//www. bmj. bund. de/media/archive/715. pdf.

② David Butler，Austin Ranney. Electioneering：A Comparative Study of Continuity and Change. Oxford：Oxford University Press，1992，p. 157.

并且政党的存在和发展是民主良性发展的不可分割的一部分，进而才可能在争取到了相当合法性的基础上、在国家、市民社会的同意或默许下向国家财政要求来自公共的补助资金。也正是在这种逻辑的推动下，德国在西方民主国家的政治史中，成为第一个政党能够从国家处得到经济补助的国家。

但是，按照宪法内容来看，有关具体管理政党的规定并不是由基本法这一宪法性质的根本大法作出的，而是应当由政党法之类的法律另行规定，然而这一另行规定政党具体行为内容的政党法却在宪法出台并生效后迟迟不出台，这里面的原因是什么呢？

在战后德国政治的开始阶段，政党对出台有关规范政党行为法律的积极性并不高，原因无非是第一，政党的地位已经有宪法做保障，因此不必像有些国家（如近代的日本）那样，还要为政党的合法性问题而产生争执。这使得政党早在1967年政党法出台之前就已经能够运用立法特权，来为自己设计出课税减免的间接国家补助制度；第二，政党推动立法的积极性不高，要从《基本法》第二十一条的内容中去寻找原因：宪法除了规定了政党的地位因而使政党的存在有了合法性之外，还明确规定，政党必须公开自己的经费来源和使用情况以及政党的财务状况，这是当时的任何一个德国政党都不愿为之的事情。因此，虽然宪法早在1949年就已通过并生效，但直到1959年第一部政党法草案方由联邦政府提出，而经过各个政党之间的争吵与妥协，直到1967年方才正式通过。

二、宪法法院与国家补助政党制度

与英国的情况相类似，因为实行“议行合一”的议会内阁制，所以德国议会多数党或多数党联盟可以通过得到立法权来控制行政权，这给政党操纵议会通过有利于自身利益的法律提供了很大的制度空间。然而这种制度空间的存在以及宪法对政党地位的保障并不意味着德国政党可以轻易地从国库这一公共资源那里得到有利于政党局部利益的政治资金。宪法法院在德国政治架构中的制衡机理此时发挥了重要的作用。事实证明，每当政党企图利用国家财政这一庞大的政治资金来源来达成自己的财务目标时，宪法法院的有关判决就成为政党的有效阻碍，所以自国家补助政党制度在德国诞生之日起，围绕这个制度产生的政党纠纷与政党和宪法法院之间的矛盾就开始了。

这些矛盾最初大多是因反对党或小党对补助制度的不满而起，随后这些反对力量将不满诉诸宪法法院，于是表现在德国国家补助制度中的就是宪法法院与执政党控制的议会之间长达数几十年的攻守战役。这期间宪法法院作为宪法精神与原则的维护者，对执政党（不仅包括联盟党，也包括执政之后的社民党甚至绿党）从国库攫取更多补助资金的企图以法院判决的方式设置阻碍，而政党控制的议会及政府则不得不以立法或法律修正案的形式来对法院的有关判决作出回应。也正是这个原因，使德国财政补助政党制度的具体实施方案堪称西方国家中改动最频繁的制度典型。围绕制度的实施与国家补助金的分配，清晰地表现出了德国政党与宪法法院之间的紧张关系。

（一）围绕间接补助政党制度的攻防战

“二战”后在联邦德国建国之时，主持建国大计的政治家是反对由国库拨付财政资金直接补助政党的，因此，我们在战后的联邦德国宪法《基本法》中虽然可以看到宪法对政党地位与重要性的强调但却并未看到有关如何保障政党重要地位的描述，这也是战后德国政党首选间接式补助作为突破口的原因之一。“正是凭借《基本法》第二十一条的规定内容，议会政党通过了议案允许他们在资金上受惠于一些特权，如对捐款的税收抵扣。”①但是政党从国库攫取资金的企图总是受到来自宪法法院的牵制，一场围绕国家补助政党制度的攻防战就此展开，而且这场战役一直持续到了今天。

在基民盟与基社盟——联盟党——执政的1954年与1957年，政府通过了税法中的有关附加条款，允许公民在其应计入所得税的收入中扣除一定数额的政治捐款（具体内容是个人收入的最高5%、企业年收入的2%可以在向政党捐款时享受课税减免的优惠），这些在当时显然有利于保守的执政联盟党的法律引起了社民党的不满，于是在1958年几个由当时社民党执政的州以这些法律不符合宪法精神为由诉至宪法法院，这些州认为，类似法律因为在通过时缺少了司法评估这一程序因而不合宪，同时认为课税减免式的国家补助仅仅使那些被富人及大企业支持的政党受益。

在此之前的1957年一桩类似诉讼中，宪法法院的判决是除非政党在联邦议会或在州议会获选至少一个席位，否则向政党提供的政治捐赠均不得享受课税减免的优惠。在此次1958年的判决中，宪法法院首先承认，如果政党将在基本法的框架下扮演重要的宪政角色，那么就必然需要大量的政治资金，“今天，因为现代选举活动需要大量竞选费用，因此所有政党都将依赖政治捐赠；没有政党可以仅靠其党费来满足所有这些财务需求。在一个民主的多党国家里，所有政党都应平等地担负起型塑人民政治意志的任务。确实，国家不必立法保障政党的所有财务需求都得到满足，但若有任何法规的通过将提升政党的融资水平，则这些法

① Geoffrey K. Roberts. German Politics Today. Manchester: Manchester University Press, 2000, p. 201.

规将是合乎宪法要求的，也应当不会破坏政党的机会平等权利。”[①] 宪法法院最后认为，课税减免的有关条款因影响了宪法规定的公民平等原则因而无效，但是因为基本法中没有明确禁止国家向政党提供直接补助的条文，因此国家原则上可以为政党日常活动和竞选活动提供补助资金，这些资金将保证政党间的有效竞争同时帮助其消除对特殊利益团体的依赖，按照基本法的规定，既然政党已经是宪政中连接国家与社会的重要部分，那么由国家财政向政党提供补助也未尝不可，只要资金补助不破坏机会平等的原则。

宪法法院意见公布之后，德国议会不久就极其迅速地在议会内政党全体同意的情况下通过了1959年《政党资金法》（the Party Finance Act of 1959）。在这部法律中规定，国家可以向政党提供补助，以帮助其履行政治教育的功能，国家补助金按照政党在议会中的代表比例分配。当年预算中拟支付的补助金就达到了五百万马克，至1964年，以这种名义提供的补助就已经达到了3800万德国马克。

飞速增长的国家补助金当然进一步引发了以社民党为首的反对党的不满并于1966年再次诉至宪法法院，宪法法院在随后的判决中认为：1. 国家可以向政党提供补助，但这种补助只能针对政党的竞选费用，而不能针对政党的日常活动开支，因为政党只有在选举时才能依照基本法精神被认定为国家宪政组织之一部分，因此，“只要是出于补助政党竞选开支之外的一切国家财政补助，均属违宪”。[②]，2. 1959年的政党资金法因为只将国家补助

---

① Donald P. Kommers. The Constitutional Jurisprudence of the Federal Republic of Germany. Duke University Press, 1997, p. 202.

② Donald P. Kommers. Judicial Review in Italy and West Germany, in Gerhard Leibholz, Jahrbuch des ? ffentlichen Rechts. Mohr Siebeck, 1971, p. 118.

提供给赢得议会席位的政党，因而实际上破坏了平等原则，其中的相关条款无效，所得选票少于全部选票5%的小党派也有权获得财政补助。①

1966年宪法法院在政党财务问题上的判决在德国财政补助政党制度中具有极其重要的理论意味，“1966年政党资金有关案例代表了在政党与国家关系问题上现代观点与传统观点的一种妥协。按照现代的看法，理想类型的‘政党国家’中，政党不仅是相互竞争的，同时也是教育选民与型塑公共意志的统一的、以一定目标为导向的积极公民组织。‘政党国家’是那种少数特殊利益集团主导了政治过程、破坏了多数原则的‘利益集团国家’的反面，因此政党必须免于这些特殊利益的影响以使自己能够准确地反映出民意，同时国家也必须通过提供财政补助来使政党实现这一点。传统的观点则认为，政党是根植于社会的志愿结合体，它们理应独立于国家。”② 1966年的宪法法院判决与前述数次判决一起，构成了1967年德国政党法中国家补助制度的主要原则依据，政党法中对该制度的诸多规定都可以从1996年宪法法院判决以及之前的相关判决中找到影子。

直到此时，宪法法院与德国政党（以及政党操控下的行政政府）围绕国家补助政党制度展开的第一个回合的较量方告暂停，结果很明显，德国政党从国库攫取无限制政治资金的欲望虽然被宪法法院成功遏制，但是从国家财政向政党提供政治资金

① 因为德国法律规定要进入国家议会必须首先要在选举中获得全部选票的至少5%，因此，1959年政党资金法实际上是以这个标准划界，将那些没有能够获得5%以上选票的小党统统排除出了获得补助的范围。

② Donald P. Kommers. Building Democracy: Judicial Review and the German Rechtsstaat, In: John Brady, Beverly Crawford, Sarah Elise Wiliarty: The Postwar Transformation of Germany: Democracy, Prosperity, and Nationhood. Michigan: University of Michigan Press, 1999, pp. 102 - 103.

（虽然此时还是仅限制在补助竞选费用的范围之内）的先例已开，并且被宪法法院所承认，政党取得了初步的胜利。

（二）政党法的诞生与新战役的展开

1967 年左右，随着德国政治格局的变化，德国政党政治中传统上带有很强左翼色彩的社会民主党与一直以来归属于右翼阵营的联盟党在当时实现了“大联合”，正如本书第一章提出的，第二次世界大战之后的现代西方国家里，传统的左翼、右翼的分界渐趋模糊，民主制度与选举制度逐渐稳定下来，这是国家补助政党制度得以产生的重要条件之一，德国左右翼共同执政这一现实使社会民主党能够与联盟党在很多问题上达成妥协，对国家补助政党制度也不例外。

作为与宪法法院初战胜利的战果，此外也是作为对法院判决的回应，1967 年经过当时朝野各个党派之间的长期争吵与妥协，德国政治史上第一部（可能也是世界政治史上第一部）规范政党行为，并为政党提供国家财政补助的法律：《政党法》（the Law on Political Parties）诞生了。这部法律既是德国政党与宪法法院围绕国家补助所进行的第一回合较量的胜利果实，也为此后德国财政为政党提供长期大量的补助资金提供了一个稳定的法律框架，政党法的诞生在德国财政补助政党制度中具有标志性的意义。

德国政党法由七大部分共四十一条组成，其中包括，第一部分包含第一到第五条总则，第二部分包含第六到第十六条政党的内部组织，第三部分包含第十七条选举候选人提名，第四部分包含第十八到第二十二条国家财政补助政党，第五部分包含第二十三到第三十一条政党账目的呈报，第六部分包含第三十一条不合法账目呈报的处理与处罚条款，第七部分包含第三十二、三十三条违宪政党的取缔，第八部分包含第三十四到第四十一最终条款。其中多条条款已经因历次对政党法的修正、删除或转而适用其他法律中的有关条款而失效。①

研究者普遍认为德国政党法的主要功能就是为政党提供国家资金补助，仅从法律条文上来看，政党法中确实有相当一部分内容有关于对政党提供国家补助的原则与具体分配方式，如前所述，这些条文很多是法律实施之前宪法法院有关裁定的反映。

政党法第一条中规定，“政党资金仅能用于履行其在基本法与本法中规定的所应承担的功能”，② 政党法认定，政党应承担的功能其中应该包括：“对公共意见的形成施加影响、灌输与深化政治教育、推动公众积极参与政治生活、培养锻炼有能力的人士承担公共职责、通过提名候选人的方式参与联邦、州及地方政府的选举、在议会与政府中对政治发展施加影响、将政党的政治目标整合入国家决策过程、确保人民与国家机器之间持续、重要的联系”等。这给了政党资金的使用以合法性。

政党法第五条“（政党之间的）同等待遇”中第一款指出，“向某一个政党提供的公共设施或服务（即来自国家的间接形式的补助）也必须提供给另外所有政党。至于具体向政党提供的公共设施或服务的规模与程度则以能满足政党为达成其目标所需要的最低程度上的需要为准。这部分公共设施及服务在政党之间的分配应以政党的重要性为准，衡量政党重要性的标准则主要是其在上次选举时所获的支持率。”这条规定为德国的众多小党派以机会平等为名向宪法法院提起有关国家补助制度的诉讼提供了依据。

---

① 两德统一之后，除了政党法其中的一些条款因为需要原东德政党进行一段时间的调整与适应而延迟施行了一年之外，原联邦德国的 1967 年政党法基本上以当时的法律形态应用到了原民主德国地区的政党。

② 如无特别说明，有关内容均译自以 1994 年版本为基础、2002 年修改了第一条部分内容的最新版本《政党法》。http：//www. bundeswahlleiter. de/rechtsgr/e/partg_ e. htm。

政党法第二条“政党的定义”中第一款中特别说明：“只有自然人方可成为政党党员。”又在第十条规定，“党员在党内的选举权可以主要依据党员是否缴纳了党费来确定。”这主要为了避免出现类似英国那种由工会充任政党党员，为政党提供了大量资金，但是对政党也产生了过多影响的情况。此外，对党员党费义务的规定也是对党员权利与义务关系的一种明示。

第十一条规定，“政党主席与政党司库不能在任何一个与该党有联系的政治基金会中行使与其党内同样的职权。”这项条款是基于宪法法院在之前的有关判决中认为，政治基金会不属于政党组织，因此政党主席或相关领导人不应对政治基金会施加同样的影响力。但是德国政党通常会让政党领导担任基金会理事会中除主席之外的某一重要职务，以此来绕过法律的限制。

政党法第十八条详细规定了国家对政党提供财政补助的原则与数额，这部分条款构成了德国财政补助政党制度的主要内容。其中，第十八条第一款指出了政党获得国家补助的宪法依据：“政党可从国家处得到为了完成基本法赋予他们的职责而产生的经费补助，这部分补助应视同来自国家的捐助。”第二款至第五款详细规定了国家补助金的分配原则与方法（具体内容将在下面介绍）。

第六款与第七款主要是关于给付政党的国家补助每年在数额上调整的问题，而在这些条款的改动上，能够十分清楚地看到政党希望向国家索要更多补助金这一目的。

在 1994 年修正案之前，给付政党的补助金并不是每年调整而是按每年固定的总额拨付的。给过政党的努力，在 1994 年修正案中，国家补助实现了经常性的调整。在该修正案中，政党希望增加国家补助金的意图极为明显：在当年的修正案第六款中甚至要求有关的专家委员会在确定了国家提供补助价值的基础上，将对政党的补助调增总额从 1995 年追溯到了 1991 年。

此外，虽然体现在政党法之中的补助调整程序还需要根据其他的一些因素来决定，如政党法第十八条第六款规定，“在议会中拥有席位的政党之主席将政党公开后的账目呈报给国家议会之后，议会应当根据政党账目的呈报情况决定是否需要调整国家补助的绝对限制额，即国家拨付给政党的直接补助金的总额。为达到此目的，联邦统计局负责人必须于每年四月三十日之前向国家议会递交有关报告，阐明政党与上一年度相比其典型性支出的物价指数发展的情况。此报告须基于与政党典型性开支有关的商品及服务的‘一揽子’价格并依据第七款提及的专家委员会的建议。”

表面上看来，国家补助金的调整还需要经过国家议会这样一道程序，但实际上，议会也是由德国几个大政党或者政党联盟所控制，这一现实决定了补助金总额的调整其实只是多了一个形式过程而已。

第七款规定，联邦总统就任当年，就应任命独立的专家委员会，负责评估刚才提到的政党典型性开支的“一揽子”物价指数。如果必要的话，它将重新定义“一揽子”物价指数的构成并重估其价值以及重新确定物价指数的基准年。专家委员会将向议会议长提交评估后的结果。如果国家补助政党制度需做结构性调整，那么将在议会的要求下重新指定另一个独立的专家委员会。

1967 年以后，《政党法》历经多次修正案，几乎每次修正案的提出与通过都仅仅与政党的财务问题有关，因此，直到最近的一次修正案之后，《政党法》的其他内容几乎分毫未动，而只在有关政党财务问题有关的法律细节上做一而再、再而三的调整，从中，我们已经可以看到，《政党法》对德国政党来说真正的重要性所在。

1967 年政党法的出台使德国政党自此可以在法律的框架下

大量地获得国库补助金，但是这也引起了小党针对国家补助制度具体实施方案的一轮新的诉讼。

1968年，众多因为国家补助制度中2.5%的资格门槛而受影响的小党派联合诉至宪法法院，要求降低政党获得补助金的资格要求。宪法法院的最终回应如下：首先，法院认为政党如果要在选举中拿到有效选票的至少2.5%才能获得补助的话，那么它们实际上最少需要得到八十三万余张选票，这对小党来说是实际上的不公平，因此资格门槛应降为0.5%；此外，宪法法院还裁定，企业必须公开所有其向政党提供的超过2万马克的政治捐赠。

但是宪法法院的这一系列控制国家补助总量的努力似乎并不奏效，表面上看起来，政党确实遵守了法律中一些相当明确的对政党补助金的限制，但实际上政党也在想方设法寻找其他的途径得到更多的国家补助。而且在税务抵扣式的间接补助与竞选费用返还式的直接补助之外，另行找到获得补助的突破口其实也很容易：政党的地位已经由宪法保障，而且又经宪法法院在数次判决中加以确认，这时的政党在政治资金补助问题上相对国家而言其实已经占据了相当大的优势。

一种获得更多国家补助金的办法是立法补助政党的附属机构组织，一般是一些以各种名目建立的政党基金会，在德国所有的主要政党都建有类似组织，这些基金会组织一般都由政党的官员充任理事会职位，因而受政党的控制、可替代政党完成相当一部分职能（如民意调查、政策调查等）因此对政党的竞选活动有相当大的支持作用。但是在政治资金问题上，政党基金会还充当着政党借以绕开法律设定的种种获得国家补助限额的工具作用。政党法与宪法法院的判决一段时期以来只针对着政党本身，而没有规范这种受政党操控的基金会组织。绿党也曾经对这种方式的补助金提出过异议，在诉讼无果的情况下便也效法大党，建立起了自己的政治基金会组织。

另一种方法是借助国家补贴议会党团或议员个人的资金，完成政党如竞选等的特定目的。国家补贴议会党团或议员个人的资金早已有之，但是与其他许多国家一样，这种国家出于帮助议员完成其立法职能（因而也就是国家政治职能而非政党职能）的补贴金往往被身为政党成员的议会代表巧妙地挪做他用。在德国补贴议会党团的资金是一次性支付而且无需公开开支去向，这部分资金一直在增长之中，其中补贴议会党团的资金由 1965 年时的不足 1000 万马克，到 1992 年已经超过 1 亿马克；补贴议员个人的资金 1969 年制度刚刚实施时尚不足 1000 万马克，至 1994 年已经达至 1 亿 4 千万马克。已经进入议会的政党也许更喜欢这种类型的资金，因为小党们不能跨过 5% 的执政门槛而无缘享受到这种优待，所以这部分资金实际上成了议会政党巩固自己地位的津贴。

（三）80 年代丑闻与国家补助政党制度的发展

20 世纪 80 年代初的德国政党普遍声称受到政治资金不足的影响，一些与政治资金有关的丑闻也开始被陆续曝光，20 世纪 80 年代初，在一次审计过程中德国弗里克集团被发现自 60 年代至 80 年代，为几乎所有当时议会内的德国政党都秘密输送过资金，其目的是为了得到税务优惠。事后的调查证明，基民盟、基社盟、社民党等大政党都接受了大笔秘密捐款，这就是德国政治上最大的政治资金丑闻之一——“弗里克事件”。丑闻的曝光使许多政治家辞职，议会、政党与政治家在民众中的声誉也因此大受影响。①

许多大额捐款者深谙这样一个道理：同样的一笔金钱有目的地捐赠给政治家个人比笼统地捐赠给某个政党要发挥更大的作用，因此，大量的金钱很多时候不是流向党库，而是流向政治家个人的政治资金帐户，弗里克事件事后被证明就是这类秘密捐款的典型。

弗里克事件以及一系列政党领袖与特殊利益集团相勾结事件的曝光促使德国政治家行动起来，希望以新的立法行为平息社会民众的不满情绪。1982 年，当时的德国总统卡尔指派了一个专家委员会，专事研究并提出有关修改政党财务法律的建议。

总统委员会针对政党财务问题与国家补助政党制度提出的相当多的具体建议，这些建议基本上可以归为以下 6 大类：

（1）提供给议会党团的在国家预算中列支的补贴资金应当由专门的法律来负责管理与分配，联邦审计局应根据预算法对议会党团是否将这笔资金使用到了法律规定的用途进行审计。议会党团应每年就资金的使用情况向议长汇报，报告应列入议会出版物一道出版。

（2）给予政党附属的政治基金会的各种现金非现金的补助均应禁止，此外，政治基金会的资金使用情况也必须由审计和财政部门进行管理。在联邦层面的政党与政治基金会的主席与管理

① 弗里克丑闻的曝光也使大多数研究德国政党资金问题的学者认为 1984 年新政党法之前的数据并不可信。“由法院与总统委员会揭露的诸多丑闻向人们证明，政党提交的会计报告中涉及大额捐款的部分并没有反映真实的情况。波恩地区法院在其调查弗里克的过程中发现，自 1969 年到 1980 年，非法流向基民盟、基社盟、与社民党的资金达到一亿八千三百万马克。这笔非法资金的数额三倍于此期间政党声称的接受的大额合法资金的数额。”参见 Christine Landfried：Political Finance in West Germany，in Herbert E. Alexander and Rei Shiratori：Comparative Political Finance Among the Democracies，Oxford：Westview Press，1994，p138。

财务的领导人必须分设，而不得兼任；

（3）（能够获得免税待遇的）公益单位不得向政党进行政治捐赠，财政部门应当对此类单位是否遵守法律要求进行长期的严格审计；

（4）对“政治协会”之类的政党附属组织的税务豁免应当停止，因为这类组织很容易被政党利用来作为逃避法律管理的工具，如利用政治协会接受资金可以避开公布捐款人信息的法律要求等；

（5）应当禁止行业、专业组织如工会、雇主协会等等将会费资金捐助给政党的行为，类似行为破坏了德国宪法规定的机会平等原则；

（6）为避免德国政党受到外来影响，必须将来自国外的各类政治捐赠都视同非法资金。禁止国外政治捐赠也可以起到防止国内通过海外渠道转移非法资金的目的。但居住在国外的德国公民的政治捐赠不应被作此种对待。①

这些建议很多都是针对德国政党避开有关法律管理的惯用方法，比如“政党会鼓励企业向与政党有涉的专业组织或所谓非党派的政治教育组织捐款（这部分捐款可以依法得到减免税待遇），随后，这些组织就会将得到的大部分捐款转而捐赠给有关政党而自己只保留其中大约百分之二十五的款项。另一种方式是由政党出面，以尽可能低的价格委托某些研究会或挂名组织进行一些调研项目，而这类研究会组织会在德国之外设有分支办公室，可以方便地将政党接受的政治献金‘洗清’。”②

① Hans－Peter Schneider. The New German System of Party Funding：the Presidential Committee Report of 1983 and its Realization. In Herbert E. Alexander：Comparative Political Finance in the 1980s. New York：Cambridge University Press，1989，pp. 222－223.

② Karl H. Cerny. Germany at the Polls：The Bundestag Elections of the 1980s. Duke University Press，1990，p. 234.

受弗里克事件以及作为对总统委员会建议的回应，德国议会于1983年修改了政党法，但是1982年新选出的科尔政府却是将该委员会的报告建议进行了有目的地取舍之后方才以动议的形式提交议会的，当然这份符合政党意图的动议很顺利地经由议会通过并于1984年1月1日生效。

虽然表现上看来总统委员会的许多建议被采纳，德国政党法中也第一次对政党作出了公开财务账目的要求，但是1983年新政党法并未对政党得到国家补助设置任何实质上的限制，相反，通过这部法律，政党还在多个方面实现了突破。

首先就直接补助而言，自1984年后，政党可以依照在议会选举中的得票率按每票5马克的数额获得国家补助，而这个数字自1967年政党法通过以来一直就维持于每票2.5马克的水平；其次就间接补助而言个人的政治捐款可以从其所得税计算额中获得占其收入最高5%的课税减免，企业则可以获得占其总销售额与工资成本最高0.2%的课税减免（或者可以获得占其年收入的不超过2%的课税减免）；个人缴纳政党的党费可以获得最高50%的课税扣除（脚注，即如果某党党员向其政党缴纳了100马克的党费，那么他就可以在所得税中少缴纳50马克的税收。），而个人捐献给政党的政治资金则可以获得每人最多600马克、已婚夫妇1200马克的课税扣除；如果有政党因新规定的实施而造成了不利于自己的结果，那么将可以得到一定比例的国家补助补偿金。①

从新法的细则可以看出，德国政党并没有因为新规则而损失什么真正的利益，相反，直接返还式补助改为每票5马克后，国家补助已经占到了政党总收入的三分之一。这笔资金主要给了各

① Karl H. Cerny. Germany at the Polls: The Bundestag Elections of the 1980s. Duke University Press, 1990, pp. 234 – 235.

政党的中央党组织，因此此后德国各政党党总部的收入中有50%是来自于财政返还式国家补助。尤其在选举年中，政党全国总部的经费中国家补助更是占到了绝对比例。[①] 虽然新规则规定政党需要公布所有捐款额在2万马克以上的个人和企业的姓名及地址，但这一透明化要求，也基本上仍是沿袭了以前的规定细则。最重要的是，如果以新法的标准衡量，在之前发生的"弗里克丑闻"中，弗里克集团的政治捐款是足可以得到合法的课税减免的，因此，这部法律不啻于一部为政党松绑了的"大赦法"。

因此很自然的是，在德国政党操纵下通过的新规定诞生后不久就受到了普遍的质疑。1986年联邦宪法法院宣布拒绝接受针对个人所得5%、企业0.2%的课税减免。但是宪法法院最终还是做出了一定让步，同意接受针对个人及企业捐款无差别的10万马克的课税减免，至于议会在1983年通过的其他有关规定如对法院则予以认可。

像人们预想的那样，绿党不仅反对1983年出台的新规，而且激烈地反对宪法法院的态度及有关决定，德国几个主要的大政党则一致表示欢迎法院判决。

有学者在分别研究了1968年和1986年德国宪法法院的有关判决之后认为，宪法法院对政党财务的态度很有暧昧之处，"为了避免与既存政治格局中的政党发生直接冲突，宪法法院十分小心，尽量不过多地伤害既存政党的利益。"[②]

1988年，部分的是作为对1986年宪法法院判决的回应，德

---

① Christine Landfried: Political Finance in West Germany. In Herbert E. Alexander, Rei Shiratori: Comparative Political Finance Among the Democracies, Boulder: Westview Press, p133.

② Georg Vanberg. The Politics of Constitutional Review in Germany. Cambridge: Cambridge University Press, 2005, p. 162.

国议会针对政党法中的国家补助政党制度又作出了重大修改。这次修改对政党来说显得更加“慷慨”，除了将1986年宪法法院裁定的个人与企业最高10万马克的课税减免降低为最高6万马克以外，其他所有的修改条款几乎都对政党有利，尤其是这次的修改条款中确认国家将给予政党的日常活动开支以财政补助，这可以说是政党在补助制度上的一个阶段性胜利：所有在联邦选举中获得2%以上选票的政党都可以拿到针对其日常组织活动开支的财政补助金，这项补助就是所谓的“基本款”（Sockelbetrag）；企业必须公开的政治捐赠限额自这次修改后也由2万马克改为超过4万马克方需公开。提供了政治捐款的个人纳税者也被允许得到课税扣除的优惠。为了平息小党的不满，政党法的这次修改多少向其作出了一些让步，小党派只要能够比例制下得到全部第二票的至少2%，那么就可以在选举之后得到一部分竞选费用的返还式补助。像1984年与1986年时一样，绿党并不满意这样的分配方式，尽管如此，法案还是得以在议会顺利通过，在法案通过不久后的1990年联邦大选时，政党已经能够每年从国家那里得以为数5亿马克左右的补助资金。这当然会引起一些无法入阁的小党的严重抗议，庞大的数字也自然会引起宪法法院的警觉，当然这次向宪法法院提起的诉讼又是由绿党所发起的。

1992年，控制议会的政党不再能够安然地享受因1988年法律修改而带来的红利了。当年4月，宪法法院再次出手，几乎全盘否决了1988年法律中有关国家补助制度的修改条款。法院认为1988年议会认定的4万元马克以上捐款方需公开的条款违宪，又重新将这个数字改为超过2万马克即需呈报；个人与企业享受的最高6万马克的课税减免同样违宪，从此次判决起企业政治捐赠将不能享受任何税务优惠；如果公民向政治家个人进行政治捐赠，那么只要其捐赠额超过了1万德国马克，政治家就应当向议长呈报。

正是1992年这次判决，使宪法法院基本上改变了对国家财政补助政党的态度法院明确地重申了其对国家补助数额的原则（即国家补助不得超过政党全部收入的50%的所谓“相对限额”的原则），也正是自这次判决起，宪法法院参考1989至1992年政党接受的补助数额定下了今后政党所能得到的国家补助金“绝对限额”的原则，即国家补助金在总数上不得超过一个规定的数额，这条原则不久就反映在了修正后的政党法中。

法院判决公布后不久，由总统委任的“政党资金问题独立专家委员会”（Commission of Independent Experts on Party Financing）即告成立，这个由六人组成的专职委员会将宪法法院的判决原则具体化为一系列的可操作的条款，最终，1993年1月，根据宪法法院判决与独立委员会的意见，政党法重新修正并于1994年1月正式生效，这次修正反映出操控议会的政党在国家补助问题上受到的严重挫败。

宪法法院体现在此次判决中的态度似乎表明“法院担心既存政党因国家补助而在其内部变得更加官僚化，这种倾向会因国家提供的资金而变得更加强化，并且会使政党与其选民更加疏远。此时宪法法院强调更多的是所谓‘不受国家控制的自由’（Staatsfreiheit），因此法院希望通过有关裁决将政党重新送入社会，在那里他们将不得不比以前更加依赖于他们自己的社会融资渠道与向社会融资的能力。”①

继1992年判决之后，1994年宪法法院对国家补助政党制度又有过一次裁定，在这次判决中法院认为国家提供给政党的补助

---

① Donald P. Kommers. Building Democracy: Judicial Review and the German Rechtsstaat, In: John Brady, Beverly Crawford, Sarah Elise Wiliarty: The Postwar Transformation of Germany: Democracy, Prosperity, and Nationhood. Michigan: University of Michigan Press, 1999, p. 104.

金不得再以立法方式调增，而必须由独立的专家委员会每年按照物价增长指数给出调整建议。

德国政党法最近的一次重大修改是在2002年，这次的修改主要起因于20世纪末21世纪初曝光的科尔及其所属政党基民盟的政治资金丑闻。

1998年，当时的德国总理科尔谋求再度连任联邦总理的愿望落空，于是开始退出德国政坛，但在1999年秋被披露的政治资金丑闻却打破了科尔带着统一德国的光环安然隐退的希望，一开始，科尔还希望通过向下属政党官员推卸责任的办法来转移焦点，但在同一年，在大量证据面前科尔不得不承认在其任基民盟主席期间曾秘密接受过大量政治捐款，但他并没有交代巨额非法资金的来源。不久基民盟内部被证实存在着吸纳非法政治资金的“黑账户”。在铁证面前，基民盟的声誉大受打击，于是党内开始向科尔施压，但因为没有相关法律条款要求政治家个人必须为这种行为承担刑事责任，因此科尔始终拒绝说出巨额捐款的来源。

世纪末的丑闻直接导致了2002年政党法的修改，或者说政党法的修改可以看做是对政治资金丑闻与宪法法院的一种回应。但是，尽管有政党抗拒加诸其上的更严格的限制性条款，但这次的修改实际上并未抵消掉由国家提供给政党的种种资金补助利益。2002年的这次修改主要集中于两方面。一是涉及资金数额的法律条文均被统一换算成欧元货币单位；二是新加入了大量增强政党财务账目透明度的透明化条款，例如详细规定了标准的账目呈报程序；对任何隐瞒政党收入的行为予以处罚；规定所有政党内选举出的领导人，特别是党主席必须对其政党财务报告的准确性负责；任何政党成员在明知财务报告不准确的情况若仍批准了其呈报，则必须受到法律处罚，直至刑事监禁；任何政党成员个人一旦接受了高于5万欧元的政治捐赠，就必须立即报告联邦议院议长等。可以看到，其中的很多条款是针对科尔丑闻而设（如对政治家个人的处罚、对政党主席责任的明确等）。①

但是很明显，2002 年对政党法的修改只是加强了有关透明度、限制性条款，“2002 年政党法的修改仍然与过去的德国政治资金法规保持了一致。这些修改既没有通过限制政党的开支机会来减少他们对政治资金的需求，也没有对政党可接受的政治捐款设置最高限额。”② 我们也可以从这次修正案的通过过程看到究竟新修正案是否真的损害或者说限制住了政党的利益。“该法案于 2002 年 4 月 16 日进入议会审议程序，但是 4 月 17 日，法案就超乎常规地越过常规的议会辩论程序直接进入委员会审议阶段，仅仅两天之后的 4 月 19 日，该法案就结束了委员会审议并在同一天内由议会表决通过。表决通过之前的跨党派协商达成一致意见，关于法案的辩论不超过一个小时。这项仅在三天之内就经议会通过成为法律的法案与其他那些平均立法时间需要四个月以上的法案形成了鲜明的对比。”③

三、德国财政补助政党制度的内容

经过上述议会（实际上是控制了议会的政党或政党联盟）与宪法法院长期交锋，德国的财政补助政党制度在政党法框定的

---

① 2002 年修正案对政党获得国家补助的资格认定条件也设定的更为宽松，即政党为得到财政补助必须：1. 至少在三个不同的州议会选举时获得 1% 的选票，或 2. 在至少一个州获得 5% 以上的选票。

② Susan E. Scarrow：Paying for Mistakes：Party Finance Scandals and their Consequences in the 2002 Election. German Politics and Society，Issue 66 Vol. 21，No. 1，Spring 2003，pp. 134 – P136.

③ Georg Vanberg：The Politics of Constitutional Review in Germany，Cambridge University Press，2005. p. 145.

基本架构上不断地修正、增减，但是，即使经历过如此多的改动，德国政党财务问题仍体现出以下三个特点：一是政党的三个部分所接受的国家财政补助比例基本是保持稳定的，同时，国家提供的补助，即使考虑到通货膨胀的因素，其绝对数额的增长也是很快的；二是即使我们忽略掉大量的给予政党基金会的国家补助款，德国政党的全国政党中央组织也已经变得越来越依赖国家补助；三是与政党有关的政治基金会组织自 1965 年以来，源源不断地为政党聚集了大量的政治资金。①

目前，德国国家财政补助政党的制度形态已经基本稳定下来，并且体现在一系列的法律当中。

在德国，与选举有关的法律基本上体现在：1. 基本法的第三十八、三十九、四十一条（规定了德国联邦选举的一些基本民主原则、议院召开会议的具体时间以及联邦议院对选举的监督权等）；2. 联邦选举法（以法律的形式具体体现基本法的原则性规定）；3. 联邦选举法实施细则（是对联邦选举法实施过程中的规定详细加以解释的法律，其目的是将联选法中提到的比较笼统的法条明细化，变得更加易执行）；4. 政党法（部分条款涉及选举事务）；5. 选举统计法（负责规制联邦选举中统计并向联邦议院报送总体性、具有代表性的选举数据有关活动的法律，其规制范围也包括德国参加欧盟选举的有关选举统计事务，其目的是为了保证投票的秘密性与统计的机密性）。

其中与国家财政补助政党制度有关的部分主要体现在德国的政党法、税法以及 1993 年通过的联邦选举法的第四十九条 b 款以及为落实选举法而设的联邦选举条例等法律当中。德国的财政

① Thomas Poguntke. Parties in a Legalistic Culture：The Case of Germany，In Richard S. Katz and Peter Mair：How Parties Organize：Change and Adaptation in Party Organizations in Western Democracies. London：SAGE Publications Ltd. 1994. pp. 193 – 197.

补助政党制度主要内容如下：

就直接补助而言，主要是国家提供的竞选费用选后返还以及对政党所获政治捐赠的匹配补助金，这部分费用在选举后直接拨付政党中央总部。

按照现行政党法规定，所有在最近一次的欧洲议会选举或国家议会选举中获得至少 0.5% 的候选人投票或者在州议会选举中获得至少 1% 的有效选票的政党，均可以按照规定获得补助。投给候选人名单的选票，政党在其获得有效票的四百万票以内，每张选票可获得 0.85 欧元的补助，超出部分每张有效选票可获 0.70 欧元补助，或者投给政党在某一选区但其名单未列入该州州提名名单的选票，只要政党候选人能够得到 10% 以上的有效选票，则每张有效选票也可获 0.70 欧元的补助。

政党党员的党费及合法获得的捐赠均被视做政治赠与，政党每得到 1 欧元的赠与可获得 0.38 欧元的补助，但这只适用于那些来自自然人的每笔不超过 3300 欧元的捐赠。

虽然政党可以得到直接补助，但这笔补助金并不是没有限度的。法律为财政补助金设置了两类限制：一类是所谓“绝对上限”，即国家每年度付给所有政党的补助金总额最高为 1 亿 3 千 3 百万欧元，除了按照物价指数进行调整之外，任何情况下政党所获的补助都不得高于此限额；另一类是所谓“相对上限”，即国家补助的数额不得超过政党所获得的其他年收入的总和，也就是说，国家补助金在政党总收入中的比例最高只能占到 50%。

除了竞选费用返还与匹配补助金之外，联邦和各州均对政党的政治基金会提供大量资金，目的在于补助政党的成人政治教育、基层党员培训、与政策发展有关的调研活动等。这笔资金由联邦和各州预算单列并每年拨付。

就间接补助而言，主要是课税减免式以及免费媒体时段式的补助。

因为对捐款在税收上的减免会使富有阶层及其政党具有更多的资金优势从而会破坏宪法中机会平等的原则，因此私人捐款不能在税收上得到全额减免，但是公民个人或者党员党费均可得到课税减免的优惠：个人最高可减免额为 6000 马克，以夫妇二人名义共同捐款可减免额为 12000 马克。公司企业不能享受任何课税减免。

政党在竞选时不能向公共电视台、广播网购买电视或广播时段用于政治广告，但国家向政党免费提供广告时段。免费时段按照政党在最近一次选举时所获的选票比例分配，但也综合考虑给予竞选对手一定的用于反驳的时段。私营频道依法也必须在竞选时为所有政党提供一定的免费时段。

对政党财务的管理而言，德国法律对政治捐赠的管理主要重心放在了对捐款来源而非捐款数额的限制上：

法律对政党可以接受多少来自个人及企业的捐款并未设置总额的限制，但政党不能接受来自政治基金会、议会党团的捐款。政党不得接受海外捐款，除非这样的捐款来自德国公民或者来自所有权归属德国的公司企业。政党也不能接受超过 1000 马克的匿名捐款。联邦法律对政党的竞选开支也没有数额上的限制。

负责选举事务及政党财务管理是联邦选举委员会以及联邦议院议长。联邦选举委员会依照联邦选举法与联邦选举条例而设立，由联邦选举主任（Federal Returning Officer）担任主席，另有其按照政党力量对比委任的八名委员组成。联邦选举主任则由联邦内务部不定期委任。政党应当向议长申请国家补助，由议长依照有关法律决定每一个政党是否有资格得到补助，联邦和州议会均负有向政党分配补助金的责任，不同的是州议会议长是根据联邦议长的决定来向政党的州一级组织分配补助。政党每年必须向议长公开呈报其财务账目情况，其中必须说明当年接受的政治捐赠的来源与用途、政党的党产情况。政党或者其地区分支组织接受的所有超过 2 万马克的捐赠，其捐赠者的姓名与地址都必须记录并呈报。

四、德国财政补助政党制度的特征

（一）德国宪法《基本法》对政党地位的强调，是德国财政补助政党制度产生与发展的法理条件，德国政党的这种独特地位也使得德国成为西方国家里最早一批产生这种制度的国家；

（二）德国财政补助政党制度的产生与修正常常是以下两种具体情况的产物：一是德国政党对宪法法院判决的回应，二是德国政党控制下的议会对政治资金丑闻的回应。宪法法院在国家补助政党制度的修正中往往起到了至关重要的作用，这反映在长期以来宪法法院对国家补助制度的有关判决中；

（三）德国财政补助政党制度自诞生之日起就为政党提供了大量的资金，其相对数额与绝对数额在西方国家中都属于较高的一类；

（四）与美国政党在国家补助问题上倾向于寻找并利用法律的漏洞不同，德国因为不存在对政治捐款与竞选开支数额的严格限制所以使政党可以安然享受国家补助制度带来的优惠条件。但是在如此宽松的政治财务环境下政党仍然秘密接受大量非法资金，这使得德国的政治资金丑闻对现实政治往往会产生比其他国家更大的冲击。

第二节 德国财政补助政党制度影响之分析

一、财政补助与德国政党

在展开分析之前，相信从上面的讨论中我们应该已经可以看出，德国宪法《基本法》以及《政党法》等法律对德国政党的特殊意义，学者们多以“政党国家”作为“二战”后德国政治的标签也就不足为奇。“许多评论家将联邦德国的政治制度描述为‘政党国家’。他们并不是在指纳粹德国‘一党国家’的政治制度与前苏联或者前东德的相似性，而是用这个词汇来强调德国政党与国家非同寻常的密切关系。德国出现这种情况主要有两个原因：一是德国人希望有法律条款来建构与控制各种形式的社会团体，因此在德国人们对政党在比较严格的法律框架下行事并没有感受到有什么不妥或者特别之处；第二个原因是占领军不希望德国再有导致出现纳粹的政党制度，于是就有了基本法与1967年的政党法以及随后对此法的修正。”①

的确，政党从国库攫取政治资金的企图因为宪法与法律的保障而变得愈加明显，这一点从德国政党（尤其是几个主要政党与政党联盟）自“二战”后就一直享受着的大量国家补助金中就能推断出来，并不需要进行太多的解释；德国政党与宪法法院的关系也可以从长达数十年的立法与法律修正攻守战中看出端倪，但是需要解释的一点是，表面上看起来议会与宪法法院的立

① Geoffrey K. Roberts：German Politics Today，Manchester University Press，2000. p. 93.

法与修法的斗争，其背后实质却是德国政党与宪法法院的冲突。

正因为在德国这个“政党国家”里，政党与国家的关系极其密切，这一点才需要作特别的说明。前面已经提到德国实行议会内阁制，这为政党控制议会进而控制行政权打下了制度基础，在这个前提上，观察德国议会的行为，往往需要结合政党的动机来考察，在有关政治资金的问题上更是如此。下面的图示可以更清楚地解释这个问题。

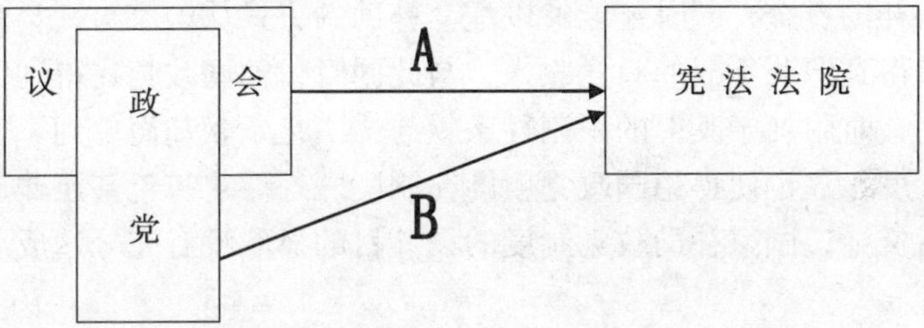

也就是说，表面上看起来在政治资金问题上是议会与宪法法院产生关系如 A 所示，但实际上是政党控制着议会与宪法法院发生更本质意义上的关系如 B 所示。

德国虽然与英国的政体框架相类似，但与英国不同的是，德国第二次世界大战后几乎从来没有产生过真正意义上的两党制，而是以多党制下的政党联盟甚至政党联盟之间的“大联合执政”为特征。这就决定了德国政党无法像英国工党与保守党那样，倾向于轮番利用执政时的立法工具削弱对方政党的资金优势，而更可能是以一种既存格局内的强势政党间相互联合的方式，一起利用国家财政为自己的党库谋取最大的利益、从总体上保持“强者恒强”的政党竞争态势。因为很明显，当面对一个自己随时可能加入其中，分享其中财政利益的国家机器时，聪明的政党会联合起与自己实力相仿佛的政党，在界定了各自利益边界与共同利益边界的基础上以制度作工具，攫取财政资金、排挤小党新党的融资渠道。这也就是为什么在每次议会立法通过大规模国家补助项目的时候，总有绿党等小党派联合起来向议会（其实是控制议会的老牌大政党与政党联盟）发难。此时，宪法法院的存在可以说是具有了特殊重要的意义。

因此，德国政党对国家补助制度的工具化利用迹象是十分明显的，而且德国个案中政党对制度工具化利用的情况更符合本书的分析框架所列出的政党态度，即从补助数额上最大限度地得到国家补助资金，同时还能够以配套补助的方式从国家与社会两个渠道得到源源不断的政党收入，与此同时，德国政党在得到国家补助金时附加于其上的限制性条款与透明化条款却简单到了贫乏的程度。这也使得德国政党屡屡在制度之外寻求灰色甚至非法的政治资金，国家补助政党制度的设计目的显然没有充分达成。

二、德国宪法法院与财政补助制度

考察德国的个案我们发现，在介绍本书的分析框架时提出的那个问题仍然需要被再次提出：为什么国家已经向政党提供了如此充足的补助资金，政党仍要以各种合法、非法的方式去求募更多的社会捐款；为什么国家在提供了补助并且明确规定了附加于其上的法律约束的情况下，仍然不得不看到政党轻易化解了这些约束而束手无策？

虽然德国以政党国家著称，政党与国家的关系十分密切以致常常难以区分在某个具体决策中国家与政党的角色位置，但是值得庆幸的是，德国宪法法院的存在及其长期以法院判决的形式与政党相抗衡的事实，使我们得以部分观察到德国个案中国家在财政补助政党制度中的态度与意图。

首先，可以开宗明义地说，德国宪法法院与美国联邦法院一样，在此问题上很多时候也面临着两难的选择，但是与美国语境下联邦法院面临的难题不同，德国宪法法院并没有直接面对自由与平等这两个民主理念的内在张力，它直接面对的是更具体一些的难题：如何平衡处理好德国宪法对政党地位的规定与政党依仗宪法优势攫取国家补助金的企图二者之间的关系。

如果宪法法院采取强硬的手段，收紧对政党提供的国家补助金，那么政党自然会援引基本法中的有关规定，强调自己对民主的特殊重要性，而这种情况下，必须以宪法作为其判决根本原则的宪法法院不可能以自相矛盾的逻辑来处理政党资金问题；但是，如果宪法法院听任政党操纵议会不断通过立法的手段将国家补助的缺口扒得越来越大，那么，不仅会使政党产生依赖国家补助的倾向，从而与宪法规定的政党必须“参与人民政治意志的形成”这一特性越走越远，而且从更具体些的政党格局而言，也会使得小党、新党失去获得国家补助壮大自身的机会。因此，表现在德国制度的发展过程中，就是宪法法院对国家补助政党制度并没有持续不变的原则和态度，而是随着情况的发展灵活调整自己的判决内容，从而牵制政党不断从国库融资的企图。

小　结

德国在其国家宪法《基本法》中，对政党的地位作出了明确的阐释，这种在宪法中标明了政党地位的做法，不仅为德国财政补助政党制度的产生奠定了根本性的法理基础，也使得政党日后可以依靠宪法的力量与有关国家机构展开与自身利益有关的攻防战。因为德国历史的特殊原因，战后德国的政党资金问题有明确的专门法加以规定和管理。德国的国家补助金无论从绝对总额还是从相对数额上讲都是西方国家中比较多的，其中的相当一部分以政党所获得的选票为依据进行竞选费用选后返还式的直接分配，对政党获得的社会捐赠也有对应的配套补助款，对政党的政治基金会组织也有大量的国家拨款，除此之外，德国政党还享受着大量的课税减免以及免费广告时段的国家间接补助。

与英国的情况相类似，“议行合一”的议会内阁制使德国议会多数党或多数党联盟可以通过得到立法权来控制行政权，这给政党操纵议会通过有利于自身利益的法律提供了很大的制度空间。此时，宪法法院的存在对政党的企图产生了直接的牵制作用。因此，在政党资金问题上表面上存在着的德国议会与宪法法院的矛盾其本质是德国政党与宪法法院的利益斗争：政党希望以各种方法从国库中得到更多的补助，但宪法法院出于司法权的制衡考虑不断地与政党的这种企图进行斗争，两者之间围绕国家补助问题长达数十年的立法与修正行为就说明了这一点。但是宪法法院的地位却十分尴尬，基本法对政党地位的规定使它不能完全遏制住政党从国库得利的野心，但德国政党，尤其是执政党、老牌政党们赤裸裸的攫取行为又使它不得不以宪法法院判决的方式为政党设置一些或明或暗的障碍，表现在德国财政补助政党制度上，就是以政党法规定的补助制度为基本框架，在此基础上不断地对国家补助有关条款进行法律的修正活动。但是即便对政党法的修改不断加强了有关透明度与限制性条款，政党法中有关国家补助的条款实质上几乎均未得到本质上的修正。

第六章　金权与补助：一党优位下的工具化利用

现代日本的国家架构以“二战”后在盟军占领下制定的1946年《日本国宪法》为准，实行以日本天皇为象征的议会内阁制。日本天皇虽然仍是以世袭的方式产生，但只是日本国的象征，仅行使与国事有关的礼节行为，并不像“二战”前的天皇拥有至高无上的权威。日本国会是日本最高的立法与权力机关，国会由参、众两院构成，两院议员均由选举产生，在实际权力位置上众议院的权力要高于参议院。内阁是行政机关，由内阁总理大臣即首相领导，首相由选举产生，因此一般由议会多数党领袖担任。

日本国会众参两院议员均由选举产生。参议院设247席位，参议员任期6年，每3年改选其中的一半席位。1993年选举制度改革之前，众议院实行中选区制，全国分为130个选区，共选出512名议员，一个中选区内会产生2—6名议员，在这种制度下，势力强大的自民党可以将自己党内的精英大量投入各选区中，与其他各政党竞争各选区内有限的议员名额，这样可以保证自民党从议席总数上始终占优。根据1994年改革后的选举制度，众议院议员选举实行“小选区与比例代表并立制”，其中，每一选区选出一名众议员，因此从单一选区中共选出众议员300名，由在各选区获得多数票的候选人担任；另在比例代表制下选出议员200名，选民向政党投票，由各政党按所得票数的比例各自分配这200个名额。从理论上讲，日本属于多党制国家，但实际上自1955年以来，基本上一直由自由民主党占据着议会多数席位从而主导着日本政局，因此，人们常把日本这种政党制度称为“日本式一党优位的多党政治”。

日本主要政党有自由民主党、社会党、公明党、社民党、日本共产党等党派以及1992年以后由自民党内部脱离而另行组建的日本新党、新生党等。其中自由民主党简称自民党，是日本政坛上的第一大党，也是执政时间最长的党派，自民党曾经在1955年至1993年连续执政长达38年，并且在其后的时间也一直是日本政局的主导者。社会党是日本政坛上最大的在野党，虽然曾于1993年自民党下台后有过一段时间的执政经历，但基本上长期处于在野状态而与政权无缘，因而有“万年在野党”之称。战前的日本政党政治很难归入西方民主制度的框架加以理解，① 战后的日本政治中，政党制度虽然建立起来，但一个特殊的现象就是日本政党内部派阀林立、争斗不断。以自民党为例，从70年代开始，逐渐形成了田中角荣、福田纠夫、三木武夫、中曾根康弘、大平正芳等五大派阀，派阀之间互相争斗的态势从未终止过。

---

① 因为“首先，由于制度的关系，战前政党政治的合法性没有保障。政党并非真正左右国家政权的政治力量，甚至一度游离于国家政权之外。战后则是实行民主代议制，为政党特别是为自民党成为国家权力的代理人提供了保障。其次，战前政党政治是间或有藩阀政权出现的两大保守政党交替制，尽管没有普选作为民意基础，在藩阀的操纵下绝非真正的民主政治，但形式上还是存在不同政党间政权的流转……再者，战前除有机会执政的两大政党而外，其他政党力量较弱，得不到发展。战后则在野党不断涌现，力量也不断壮大，最后形成了竞争性政党政治的基础。”参见王长江：《现代政党执政方式比较研究》，上海人民出版社，2002年，第118页。

第一节　金权、派阀与丑闻：理解日本政治资金问题的关键词

与其他国家的政治资金规制有着很大的不同，在日本，与政治资金问题有关的立法都是由执政的自民党推动的，或者离不开“一党独大”的自民党的深切参与。表面上看，自民党通过立法一步步加强了对自身融资与开支的限制，这似乎不符合理性选择理论的假设，但是结合日本政治现实我们就会发现，这种立法行为其实是政党为了规避更大的损失而作出的合理行动。

一、金权政治与派阀政治的依存关系

研究日本政党政治与选举制度的学者一般都会在这样几个方面定义日本政治。第一是“金权政治”，日本政党的党员党费捐款根本不足以支持政党的日常经费开支与竞选活动开支，因此政党极其依赖政治捐赠的资金，而这部分政治捐赠资金则主要来自日本财界。但是巨额的政治捐赠并不是日本金权政治的要点，金权政治主要是指政党的开支超出了一定正常范围的现象，“所谓超出正常范围，在日本一般是指：第一，数额巨大。第二，资金授受具有特定目的，进行权钱交易，而不是从事正常的政治活动。第三，把政治资金用于政治活动以外的事业，而且数额巨大。这三条也就是界定‘金权政治’的标准。”① 那么，为什么自民党在一党独大的情况下还如此需要政治经费呢？这是因为，

① 王振锁：《自民党的兴衰——日本“金权政治”研究》，天津人民出版社，1996年，第57页。

自民党的一党独大很大程度上是由巨额的政治资金作支撑的，这其中自民党内部的派阀政治起了很大作用。第二“派阀政治”，即指“在一个集团内部所形成的小集团。产生派阀的动机和原因是多种多样的。一般地说，日本的派阀多源于特定的利害、思想、出身的学校（学阀）和地区、血缘关系（闺阀）、人际之间的好恶感情等。”单就自民党而言“派阀起源于合并前的各保守政党和集团……一般认为，自民党派阀形成的原因，是自民党‘包罗性政党’的性质和制度上的原因相互交织的结果。”①

那么为什么说金权政治与派阀政治互相依存呢，这要从派阀的运作与功能讲起。自民党内派阀林立的状况始自所谓“五五年体制”建立之后，党内不同的利益聚合与意识形态聚合使自民党很大程度上成了一个大的政治混合体，而非一个纯然的西方意义上的民主政党。提供巨额政治捐款的财界既把政治资金捐赠给政党，同时也把更多的资金提供给派阀头目个人，他们明白这样会使金钱发挥更直接的效应。在没有国家财政补助金的情况下，一个有志于成为政治家的个人必须要在选区制下的政治选举中花费大量资金，才有可能赢得选区的胜利、获得国会议员的资格进而踏上从政之路。“自民党实行‘党’、‘派阀’、‘政治家个人’三重筹资结构，‘党’一级筹资的目的是‘维持自民党政权’，‘派阀’一级筹资的目的是‘获取总裁职位’，政治家个人筹资的目的是‘在选举中当选’。而‘党’和‘派阀’的目的归根结底都是为了增加本党或本派的议员人数，所以，所筹资金的大部分实际上都用于为政治家的当选或连任所进行的竞选活

① 王振锁：《自民党的兴衰——日本“金权政治”研究》，天津人民出版社，1996年，第22页。

动。"①此外，日本政治中"后援会"②之类组织的存在，也是消耗政治家资金的重要原因。

成为政治家必须成为国会议员，成为国会议员必须拥有并舍得花费大量金钱，这样就需要个体的政治家投靠某一个派阀，而派阀的领袖也会视投靠者的情况运用手中掌握的巨额政治资金给予经济上的援助甚至推荐其进入内阁，成为内阁大臣中的一员。从派阀领袖的角度而言，利用手中掌握的巨额政治资金不仅可以收拢住派阀内议员的人心，在政治决策问题上争取众多的支持，而且更重要的是，可以在派阀首脑之间争夺自民党总裁大位时拥有更强大的实力基础，进而有更大的可能得到首相宝座。正是派阀与其成员之间的这种紧密的互依关系构成了日本政党政治中的重要内容，而连接这种紧密关系的，无疑就是动辄达天文数字的政治资金。

政党内派阀的存在对日本政治带来的影响本书不作过多的讨论，但是可以明确的一点是，派阀的存在对日本政党体制的现代化转型产生着很大的负面作用，派阀政治与金权政治一起，成为日本政坛频繁发生的政治资金丑闻的重要原因，"在自民党自1955年至1993年的长期执政过程中，其十五个首相里有九个在

---

① 王振锁：《战后日本政党政治》，人民出版社，2004年，第329页。

② 是指日本国会议员一般在各自选区拥有的政治动员与联络组织，常常是由当地的议员秘书组织联络的选举活动事务所，在有些地方则是由当地有权势的人担任这类组织的干部。议员负责代表选区的人民向国家"陈情"，并且负责地方诸多人情事务，诸如婚丧嫁娶之类的祝贺、慰问事宜，甚至帮人找工作，这类事务都由政治家个人掏腰包，因此花费不菲。作为回报，该选区的选民会在投票时给予政治家以支持。这类设在议员所在选区的后援会与议员个人为了筹集竞选费用而在东京、大阪等经济发达城市所设的所谓"资金后援会"并不是同一个概念，后者主要是政治融资组织。

其执政时期都或多或少与政党财务丑闻难脱干系。”①

对派阀与金权政治的负面作用，自民党内部并不是没有察觉；相反，从很早起自民党就发起了改革党内派阀政治的活动，虽然这些活动最后基本上都无果而终。但是至少在岸信介的时代，自民党就已经意识到了派阀以及由其引发的政治资金问题，到池田勇人政权时，更是由后来任日本首相的三木武夫主持，经过一年多的时间进行研究，推出了名谓《三木答询》的研究报告。

在《三木答询》中，自民党内部政治现代化改革的决心还是体现得较为明显的。《三木答询》共由两部分组成，第一部分《解散派阀》，第二部分《现代政党的建设》。可以看出自民党对派阀与政党的现代化之间的关系是很清楚的。在《解散派阀》的部分，列举了以下要点：“（1）今后在人事安排上不搞派阀平衡。（2）随着全党财政的确立，政治资金一律集中于党。（3）总裁公选的原则继续维持，但要尽可能缩减候选人，改组作为择优推荐机关的党的顾问会，使之发挥该项机能。（4）花钱选举和党内斗争是形成派阀的重大原因之一。为了改变这种情况，应确立公认制度和改革选举制度。”接着，在《现代政党的建设》这一部分提出了如下建议：“（1）确立公党的伦理和公人的伦理是政党政治的道义支柱。（2）必须要有作为劳动人民的全民政党的政策。（3）强有力的中央负责体制和强韧的地方组织是车的两轮。（4）在党的工作中必须确立尊重党机关的民主原则。”单从字面上讲，派阀政治、金权政治给政党带来的负面影响，以及两者之间的关系（“花钱选举和党内斗争是形成派阀的重大原

① Jean – Marie Bouissou. Gifts, Networks and Clienteles: Corruption in Japan as a Redistributive system, in Donatella Della Porta, Yves Meny, trans: Simon Lee, Democracy and Corruption in Europe. Continuum International Publishing Group, 1997, p. 132.

因之一”）都在这个“答询”中有所触及，并且“答询”也基本上清晰地阐明了政党的改革方向，关于政治资金的改革原则甚至已经阐述得相当具体：“随着全党财政的确立，政治资金一律集中于党”，因此说“自民党作为政党所存在的问题，在三木的这个答询中都谈到了。但问题在于自民党的性质，使这样的答询只是成为一纸‘空文’，根本没有实行。”① 不仅当时的各个派阀只是假装解散敷衍了事，就是三木本人的派阀也没有真正解散。② 在回答为何不解散的原因时，三木讲出了派阀现象难以消解的重要原因，派阀解散的形势并没有形成，这样的情况下解散自己的派阀，无异于自毁长城：“正如批判的那样，派阀仍然健在。但看问题，眼光要放远些。政治上的同志，不能因为要解散集团，就根本不能聚会。当整个党还没有形成解散派阀的形势的时候，光是三木派解散，那么其他派阀马上就会伸过手来拉人。和解散派阀的要求背道而驰，这只能帮助其他派阀扩大势力。”③

二、在丑闻中行进的政治资金规制改革

单从制度条款制定时间来讲，日本制定规范政治资金的法规并不落后于其他实行西方民主制度的国家。“二战”后，在美国占领军政府的主导下，日本早在1948年就制定了旨在体现宪法精神、防止选举舞弊与政治资金贿赂行为的《政治资金规正法》，但是仅在该法公布3个月后，“二战”后日本的第一个大

① 日本综合研究开发机构，彭晋璋译：《90年代日本的课题》，经济管理出版社，1989年，第785页。

② 至少从表象上来看，三木是自民党内部的改革派，尤其对政治资金问题，三木主张逐渐发展起以一般党员党费为中心而非以大企业为中心的政治融资模式。

③ 日本综合研究开发机构，彭晋璋译：《90年代日本的课题》，经济管理出版社，1989年，第786页。

规模贪污受贿案“昭和电工事件”① 即被曝光，之后，日本政界与政治资金有关的丑闻频发，并且政治资金丑闻涉及的金钱数额越来越大，这在很大程度上反映了《政治资金规正法》的局限性。

总体而言，规正法所专注的是尽量保证政治资金的公开与透明，例如在该法的第六条规定②提供给政治团体（同样适用于政党）的捐款必须附有会计账簿，并公开提交公报书，对违反法律规定的处以罚金直至课以刑事处罚（见规正法第六章《罚则》即第二十三条之后部分）等。虽然法律的目标比较明确，但起初该法却并没有对具体的捐款数额作出详细限制，这使得法律的执行效果大打折扣。

“《政治资金规正法》要求政治资金的公开与透明，限制了候选人在其竞选中可开支的竞选费用的总数。但政客与捐款者都能轻易找到许多漏洞避开这些限制，也没有人认为内务部每年的政党政治资金报告在数量或在来源上有什么可靠性。进一步而言，议会成员也欣然承认他们的竞选开销远远超出了法律所允许的限额，视各选区大小，选民人口的不同，大致都会超出 10 万至 15 万美元左右。”③

随后发生的“造船丑闻事件”进一步证明了法律的疏漏：1954 年造船业界为了通过与自己行业有关的法案，向当时的日

① 1948 年，日本昭和电气工业公司为了获得政府贷款，向包括首相、议员、行政官员在内的众多政治人士行贿。事件曝光后，以芦田为首相的社会党、民主党、国民协同党三党联合政府下台。此次事件与之后发生的造船丑闻事件、洛克希德事件、里库路特事件一起，被称为日本战后四大政治丑闻。

② 如无特别说明，《政治资金规正法》（含修正案）均引自 http：//law. e - gov. go. jp/所提供版本。

③ David Butler, Austin Ranney, Electioneering: A Comparative Study of Continuity and Change. Oxford University Press, 1992, p. 235.

本首相吉田茂的亲信，时任自由党干事长的佐藤荣作等人提供巨额贿赂。事件曝光后，吉田政权虽然短暂地勉强保住了执政地位，但吉田个人的政治威信大受打击，最后不得不以内阁总辞职告终，日本战后执政长达七年的吉田茂下野。可见，旧的政治资金规正法“对防止政界的腐败并没有起到多大的作用。因此，每当发生重大贪污案件时，国民要求加强法制的呼声就会高涨。因此，总理府内设置了审议选举制度、方式和有关政治捐款问题的选举制度审议会（1961 年），并屡次就政治捐款的规定回答上级的咨询。然而，内阁对这些所有的咨询不是不采纳，就是在拟定法案时抽去其精髓后再提交国会。而且，审议多年来一直是不了了之的。直到 1975 年的三木内阁时代，才结束了《政治资金规正法》的修改多次流产的状况。尽管如此，在野党对这次修改依然不满意，提出了对以前规则多少有些强化的修正案……但是，政治资金的不明朗性并没有就此而得到改观。”①

1975 年三木武夫执政时期对政治资金规正法的修改应该算是日本政治资金规制管理过程中的一件标志性事件，通过这次修改，法律进一步加强了对政治资金的管理，比如“1975 年修正案第一次为企业捐款限制了障碍，规定大企业的政治捐款不得超过大约 75 万美元，向政党的某一派别或政客个人捐款额限制在 1 万美元左右。修正案同时鼓励个人小额捐款作为抵销大额捐款影响力的手段之一。修正案允许个人最多向政党捐款 15 万美元左右，向政党的派别或政客个人捐款 7.5 美元左右，符合法律规定的这些捐款可以在捐款者年收入的 25% 以内享受课税减免的

---

① ［日］西原春夫，顾肖荣等译：《刑法的根基与哲学》，法律出版社，2004 年，第 15 - 16 页。

待遇。”①

从本意上来讲，“三木武夫着力改革旧法的目的是想效法英国进而强化政党，弱化派阀……但是长期建立起来的政治行为模式其惯性之强大，足以摧毁任何改革者的努力，三木希望的强政党弱派阀的局面也没有出现，企业捐款不仅没有消失，相反法律修正案通过实施之后反而产生了一系列没有预想到的后果，这集中表现在对政治家个人来说政治融资的负担明显地加重了。因为修正案限制了企业捐款，这就使得政治家个人必须发明出一套新的、更复杂的政治融资方式，这不仅要求政治家必须利用更多的新手段，而且注定会使其将更多的精力花在筹资融资上。

“政党内的派阀也迅速改变了自己的策略以适应法律修正案带来的新变化。之前的由某一个派阀进行政治融资的行为，因为很难在新法律框架下单独募集到大量的企业捐款而不得不加以改变，即由老资格的派阀成员出面加以联合，集中力量进行融资活动，同时为其无法单独募得大量政治资金的新候选人提供财务保障。尽管这样，候选人仍然会感觉到融资的压力，从而被迫选择投向那些怀有各种各样目的的商人的怀抱，还有一些政治家转而采取以个人身份进行贷款融资的办法为自己的竞选筹集经费，在其胜选之后，再以继续借款的办法还清旧账。显然，这些做法都更增加了政治腐败行为出现的可能。”② 随后日本政坛上出现的数起政治资金丑闻也证明，所谓的修正案实际上并不能从根本上改变政治资金的无序状况。

1976 年，美国洛克希德公司被曝光为了推销其公司的飞机

---

① David Butler, Austin Ranney, Electioneering: A Comparative Study of Continuity and Change Oxford University Press. 1992, p. 236.

② David Butler, Austin Ranney, Electioneering: A Comparative Study of Continuity and Change. Oxford University Press. 1992, p. 237.

而曾向之前在日本首相任上的田中角荣共行贿达5亿日元之巨，田中因此事而不得不退居政治舞台的幕后。美国爆发“水门事件”之后，在对“水门事件”进行的相关审讯中，越来越多有关向日本政客行贿的事件被牵涉出来，因田中角荣1974年下台而得到执政机会的小派阀领袖三木武夫内阁借机审案立威，包括田中在内的多名高官被捕。但三木也因对党内元老的拘查而被自民党各派阀围攻，最后在自民党大选失败后辞职。洛克希德案一直到1983年10月方才审结，而该案的二审甚至延长到了1987年。

然而对执政的自民党来说，政治资金丑闻可谓是一波未平一波又起，1988年里库路特公司先后向多名自民党要人赠送股票，包括五大派阀中的四大派阀的首脑都涉及其中。这些政治要人先拿到赠送的股票，再以市场价在股市上抛售，以这种隐蔽的方式赚取了巨额贿金。事件被披露出来之后，一大批政府官员因此而辞职，被认为将是一个长期而稳定的竹下登内阁因此倒台，自民党的声誉也因此大受打击。此后，又接连发生了“爬金库”贿赂事件①、佐川快递事件与金丸信偷税案②等政治丑闻，其中后两件丑闻成为自民党1993年下台、“五五年体制”终结的重要原因。

每次丑闻曝光后，自民党都会以修改有关政治资金管理法律，尤其是《政治资金规正法》作为缓冲舆论压力的方法，因此，该法除了在1975年之外，还在1980年、1992年以及1994

① 即日本当时的赌博类游戏业“爬金库”，涉嫌通过向政客提供政治捐款而谋取有利本行业的立法规则在议会中通过。自民党与在野党社会党都牵扯其中。

② 20世纪90年代初，自民党党内政治元老金丸信被曝接受佐川公司的巨额政治捐款，已经超过了有关政治资金管理法律规定的最大数额，因此金在案件宣判后从政界引退，但是随后检察部门又查出金隐瞒财产并偷逃税金达到数十亿日元，金因而立即被捕，与金与关的这两件丑闻引起了日本朝野的极大震动。

年进行过比较重要的修改，这些修改包括将政治家个人提交政治资金收支报告从自愿改为强制性；要求所有政治团体必须公开所拥有的资产、负债情况；对公司、工会等团体的政治捐赠加强限制；严格区分公职候选人政治资金的公私性质；禁止企业向政治家个人捐款；加强对违法行为的惩裁力度等。其中 1994 年政治资金规正法的修正，是与日本国家财政补助政党制度的实施一并进行的。

第二节 国家财政补助政党制度的出台与政治资金的流向

一、1994 年改革与国家补助政党制度的最终产生

1993 年 8 月自民党的宫泽喜一内阁总辞职，自民党政府倒台，由日本新党、新生党、社会党、公明党等八党推举的首相候选人细川护熙成为日本新首相，打破了 1955 年以来自民党政权长期执政的局面。在此期间，自民党高级干部武村正义等 10 名议员退出了自民党另组“新党”，而自民党内的小泽一郎和羽田孜也带领 44 名议员脱离自民党另组了“新生党”，在此之前，已经有原自民党的副干事长细川护熙因金丸信事件率先脱离了自民党另组“日本新党”，虽然自民党被一步步分裂，政治权力也被削弱，但是仍然是当时日本政坛上最大的在野党。

在倒台之前，为了消除一系列政治资金丑闻带给政党的负面影响，自民党同样使出了惯用的手法，即用提出改革议案，修改现行法律的办法挽回选民的信心，弥补丑闻的影响。1993 年 4

月，自民党曾经向众议院提出过关于政治改革的4项法案，其中就包括实行国家补助政党制度的《政党助成法案》，但是当时的在野党也提出了自己的政治改革法案，不久由于自民党的倒台，自民党所推动的政治改革也并没有得以展开。

“在‘五五年体制’崩溃后，新成立的细川护熙内阁以净化政界为己任，大力推行政治改革。其中，依法规范政党、政治团体及政治家个人的资金来源及其运用，成为政治改革的焦点。这样，1994年1月29日，日本国会最终通过了包含《政治资金规正法修正案》、《政党助成法》在内的‘政治改革相关四法案’。与‘五五年体制’时期相比，上述法案所规定的新的政治资金制度发生了一定变化（参见表1）。”①

新（1994）旧政治资金制度比较

项目	旧制度	新制度
政党定义	拥有五名以上国会议员或是国政选举的确认团体	拥有五名以上国会议员或是在国政选举中获得2%以上的得票率
企业捐款	·对政党（根据企业固定资产分级限制）：每年上限分别为750万日元至1亿日元 ·对其他政治团体（根据企业固定资产分级限制）：每年上限分别为375万日元至5000万日元 ·对政党以外的同一政治团体和政治个人：每年上限为150万日元	·对政治家的资金管理团体（唯一指定）：暂定每年不超过50万日元，可连续五年 ·其他未变

① 徐万胜：《政治资金与日本政党体制转型》，《日本学刊》，2007年第1期，第7页。

续表

项目	旧制度	新制度
公开标准	·政党及政治资金团体：每年超过1万日元 ·其他政治团体、政治家个人：每年超过100万日元 ·宴会券：每次超过100万日元	·政党、政治资金团体及其他政治团体、政治家个人：一律为每年超过5万日元 ·宴会券：每次超过20万日元
公费补助	无	以国民每人缴纳250日元税金的标准，将总额约309亿日元的政党交付金，按照各党议员数及国政选举得票率进行分配；上限不超过该党上一年收入的三分之二

#即本论文所指的透明化条款。

*即本论文所指的国家财政补助政党资金。

实际上，改革法案的通过过程也是一波三折，在众议院通过这些法案之后，参议院却以多数反对票将法案否决，后来，经过细川护熙与自民党当时的总裁河野洋平的交涉最后达成妥协，改革法案方才最终得以通过。

刚刚建成的日本八党派联合政府通过了有关选举制度的四个改革法案之后，又在国会审议中与自民党达成了《各政党政治改革协议会协议结果》，协议结果中包括了十条直接涉及选举制度改革的条款，其中涉及政治资金的条款内容如下：

在第二条中有关内容包括：“企业、团体向资金管理团体提供的政治捐款，目前暂定为每年50万日元，5年后通过《政治资金规正法附则》对此加以禁止；资金管理团体从政治家为其代表的政治团体（不包括推荐、支持其他政治家的政治团体）

中指定；企业或团体向资金管理团体捐赠的政治资金总额限制同过去一样，每年在375万日元至5000万日元之间；捐款的公开标准为每年5万日元以上。”

第五条内容有：“在小选区推荐候选人或在比例代表区提出候选人名单的政党以及适用在资金规正法、政党助成法中的政党，其主要资格条件由（选举中的得票率）3%改为2%；政治资金规正法及政党助成法中的政党条件，其中有关参议院议员通常选举得票率条件为上一次选举或上上一次选举得票率的2%。”

第六条内容为：“向各政党提交的补助金，以该党上一年度收入总额的三分之二为上限，但计算上一年度收入时，不包括政党补助金（即国家财政补助政党的那部分金额）、借入金、重复计算金及滚存金；上限是按照该党基于政治资金规正法做成的收支报告书计算。为确保其真实性、正当性，在政党助成法中明确记述政党必须使其组织及运营民主化、公正化，而且适当使用政党助成金；自民党方面特别提出能够领取政党补助金的政党应具有法人资格，联合执政党对此表示赞同，并约定今后联合执政党与自民党经常进行协商，在划分众议院议员选区的法案提交国会之前得出结论。”

第八条规定：“禁止与捐赠目的有关的贺喜、吊丧等规定同以往一样。”①

可以看出，在具体的国家财政补助金的分配方式上，联合执政党与自民党是有着争议的，但最后的结果是两方以妥协而告终，比如在获得国家补助的资格条件问题上，将选票得票率从3%调低为2%，就很明显是八个联合起来的小党斗争后的结果，因为八党联合执政仅仅是当时日本众多小党派基于具体情况考虑

---

① 转引自高洪：《日本政党制度论纲》，中国社会科学出版社，2004年，第91页。

下的暂时联合，一旦未来联合执政分裂，那么并不是每个小党都能轻易从选举中得到超过3%的选票，对小党来说，得票率的门槛当然是越低越好。①

随着《政党助成法》的通过，日本国家补助政党制度正式诞生了，其主要内容体现在该法的第三章（政党交付金的算定等）第七条至第十三条中。主要内容为：接受国家补助的政党首先应符合一定条件，即“拥有5名以上国会议员的政治团体”或“拥有国会众参两院议员同时在最近一次大选、参议院议员最近一次通常选举或前一次通常选举中得票率2%以上”的政治团体；向政党提供的补助金总额以最近一次国情调查统计的人口总数为准，以每人250日元计算。每个政党的补助金数额按照每年1月1日该党所属的议员数以及该党在国家级选举中的得票数按比例算定；各接受国家补助金的政党必须提交公开记录以及使用情况报告。

除了直接财政补助，日本也存在着间接的国家补助竞选制度，比如候选人在议会选举时可以享受免费使用汽车、免费使用海报张贴位置等方式的补助，对政治广告来说，候选人不允许在电视或广播里做付费政治广告，但是可以在公营电视台网中得到两次每次五分钟的免费广告时间。有关间接补助制度主要由《公职选举法》等法律规定。

日本的国家补助政党制度像德国那样规定了所谓补助金的“相对上限”，即国家补助金不得超过政党上年度总收入的三分之二，此外，以国民人口数为基准决定每年国家补助金的总额也可以算做是规定了补助金的“绝对上限”，但是由于没有限定政党在竞选过程中的开支总额，因此，这两种上限实际上都很难起

① 自民党与当时的联合执政党派交涉的重点不仅是政治资金的问题，同样也有关系到各党生死存亡的选举制度改革等问题。

到限制政党政治开支的作用。相反，为了能够得到更多的国家补助金，政党纷纷想方设法扩大自筹资金基数，以获得对应比例的、更多的国家补助。

二、政治资金管理改革与资金流向的变化

正是1994年自民党倒台后，八党联合政府推行的这次改革，奠定了日本国家财政补助政党的主要制度框架。按照改革后的法律，日本的国库将为政党提供巨额的国家补助金，但对政党资金的管理原则，却仍然是以加大透明度，加强对政党资金来源的限制与管理为主，对政党的开支仍未设置限制，这使得日本政党开支与竞选开支均未有减少。

按照法律规定，日本的政党及政治家需要提交三种政治资金报告，一是在《政治资金规正法修正案》要求下的，提交给总务省或相关选举委员会①的政治收入与支出报告。二是《公职选举法》规定的，候选人必须向各相关选举委员会提交的所有与竞选有关活动产生的费用账目以及所接受的捐赠情况。这类报告的要求相当详细，包括捐赠人的姓名、住址以及就业单位、具体的捐赠额度以及捐赠时间等。三是《政党助成法》规定的，所有享受国家补助金的政党必须提交国家补助金开支去向的报告，这类报告提交给总务省。由此可见，单从制度条文而言，法律对政党的透明度要求并不低，但是，在现实中政党却往往能够找到法律规定的漏洞所在，因此有相当一部分政治资金的流向是很隐蔽的，并不一定能够从官方的数据报表上显示出来。

---

① 日本依照选举的不同设有不同的选举委员会，有为众议、参议院比例制选举而设的中央选举委员会，有为众议院单一选区制而设的地方选举委员会，还有为市等层级选举所设的市政选举委员会。

此外，从制度条文上看起来越来越紧的政治资金规正有关法律是否真正阻止了巨额资金流向政党与政治家个人，也是值得再思考的。

按照政治资金规正法及有关修正案，法律首先禁止了政党接受来自某些特定个人或团体的捐款，这主要是指公营企业、三年内经营赤字企业以及国外企业的捐款和匿名捐款。自 1995 年起法律禁止了企业、工会等法人团体对议员或政治家个人的捐款，自 2000 年起更禁止了向政治家个人的资金后援会的捐款；对政治捐款的具体数额也有了限定，即个人每年对政党或政治基金会的政治捐款不得超过 2000 万日元、对其他基金会组织或政治组织的捐款不得超过 1000 万日元，对同一个基金会组织或政治组织，个人捐赠者的捐款不得超过 150 万日元；企业或工会等法人单位的捐款数额取决于企业的资本金数额以及法人单位的人员数量，而从 750 万日元至 1 亿日元不等。这样，表面看起来，法律对政治捐款以及政党的资金流动管理是非常严格的，但是，仔细分析就可以发现实际情况并不是如此。

1994 年政治改革之后，按照当时的规定以及政党间达成的协议，企业向政治资金管理团体的捐款将在五年内禁止，这样，政治资金就可以完全经由政党来进行分配。但是这种捐款被法律禁止后，旧有的漏洞仍然存在着，那就是“类似的捐款可以给予政党的地方组织，在地方选区，给地方政党办公室的捐赠就相当于给了政治家个人”①。因为政治家个人“摇身一变成为所属党派在某一选区地方党组织的主席，然后就可以合法地使用这笔

---

① Michael F. Thies. Changing How the Japanese Vote：The Promise and Pitfalls of the 1994 Electoral Reform. In John Fuh - Sheng Hsieh：How Asia Votes. New York：Seven Bridges Press，2002，p. 96.

补助金”。[①] 从下面的图中，我们可以很清楚地看到政治资金随着法律的修改而产生的流向变化。

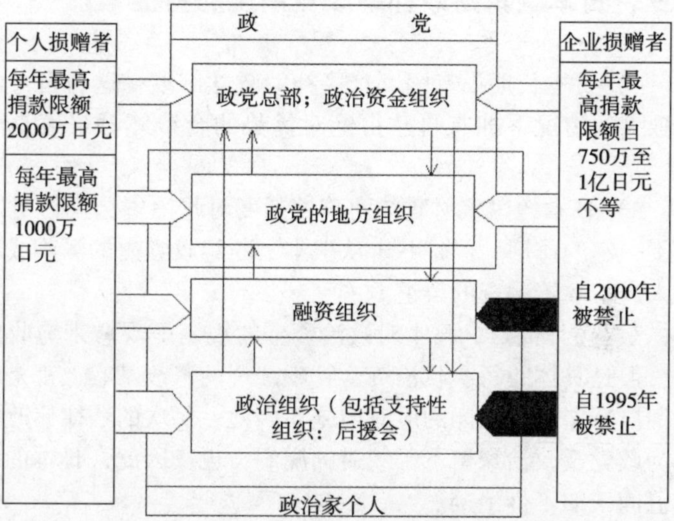

（图中箭头表示政治资金流动方向，图表来源：Akiko Ejima：Revisiting Transparency and Disclosure in Japanese Political Reform. In K D Ewing and Samuel Issacharoff：Party Funding and Campaign Financing in International Perspective. Portland，Oregon：Hart Publishing，2006，p. 138）

从图中我们可以看到，在政党内部，政治资金的流动并没有因法律的限制而真正被阻碍，法律虽然分别于1995年和2000年禁止了企业集团向政党的融资组织以及政治家个人的资金后援会捐款，但却并没有阻断企业向政党总部以及向政治家个人所控制的地方党组织捐款，同时资金在政党内部以及政党与政治家个人

① Gerald L. Curtis. The logic of Japanese politics：leaders，institutions，and the limits of change. Columbia University Press，1999，p. 166.

之间的流动仍然是存在的。

三、日本国家财政补助政党制度的特征

（一）日本长期没有国家直接补助政党制度，这与自民党在一党独大的情况下拥有自己占绝对优势的金钱筹募渠道是分不开的。

（二）日本的国家财政补助政党制度对政治资金向政党靠拢起到了一定的作用，但是并未从根本上断绝政党内的派阀或政治家个人进行政治融资的渠道。

（三）整体而言，日本对政治资金的规制呈现愈来愈收紧的态势，但是具体的每次政治资金管理法规的修改基本上都是政党为了回应特定政治丑闻的应对措施，因此，每次的法律修改实际上都为政党及政治家留下了规避的漏洞，也正因此，日本的政治资金丑闻依旧不会绝迹。

第三节　优位政党的荷包：日本国家补助政党制度分析

日本的国家补助政党制度不仅仅是国家向政党提供政治资金的途径之一，而且被政治家赋予更多的改革目标与期望。“鉴于自民党长期执政弊端丛生，尤其是进入20世纪90年代后，随着国际形势变化，日本国内作为牵制自民党力量的社会党本身力量的衰微，在日本国内主张效法欧美实行‘两大保守政党轮流执政’的呼声骤然而起。这一主张不仅得到了大部分在野党的拥护，而且也得到了自民党内激进势力和日本财界的支持。1993年年初，日本财界正式表态要求重组政界，建成欧美式的两大政

党制，相互竞争，轮流执政。财界的这一动向，对推动建立‘两党保守体制’起到了催化剂的作用。”① 而在此时，自民党内的权力斗争使其内部的政治家借势开始巩固自己的政治力量，“1992年10月，自民党元老、副总裁金丸信因涉嫌‘佐川快递事件’而被迫辞职宣布退出政界后，自民党主流派竹下派内部发生权力之争，同为竹下派‘七大干将’的小泽一郎和桥本龙太郎、小渊惠三之间展开了激烈的权力斗争。争夺结果，小泽败北。于是，在党内斗争中落败的小泽一郎正好顺应了日本政界与财界要求建立‘两党保守体制’的潮流，打出了反对自民党腐败的大旗，明确提出要建立‘两党保守体制’……小泽高举反腐倡廉的旗帜深得人心，同时又运用封官许愿的手法拉拢所谓‘革新’与‘中道’的在野党，以图联合起来共同推翻自民党政权……社会党、公明党、民社党、日本新党、社民联、新党先驱等迅速投入小泽的怀抱，与新生党联手共同在国会的首相选举中一举击败了自民党候选人河野洋平，使执政38年之久的自民党政权终于倒台。小泽建立两党保守体制的尝试初见成效。”② 新政权上台后，提出的“政治改革关连法案”也是以小泽为首的新执政力量为形成两党体制的制度努力之一。八党联合政权虽然改变了自民党长期一党执政的情况，但是本身却并没有形成能够与自民党相持续抗衡的政治力量，联合政权成立不久也告失败，日本政权重新由自民党把持一直到今天。

① 梁云祥、应霄燕：《后冷战时代的日本政治、经济与外交》，北京大学出版社，2000年，第30页。

② 梁云祥、应霄燕：《后冷战时代的日本政治、经济与外交》，北京大学出版社，2000年，第31页。

一、政党对国家补助制度的态度分析

就日本政党政治而言，政党对国家补助制度的工具化利用主要表现为自民党借助这种制度造成有利于自己政党的资金优势，并且希望借助补助金的具体拨付方式，推进政党的改革。

尽管日本属于民主国家的制度架构类型，但是日本政府却长期被自民党一党掌控，即使自民党在执政过程中出现了各种各样的政治丑闻并引发人民对自民党极度不满的情况下，日本政坛的反对党也没有很好地把握执政机会，这一现实引发了很多学者对其做出一轮又一轮的思考，有些学者将其原因归结为自民党在精英录用、制订经济政策与操控意识形态等方面的战略成功，有些学者把原因归结为日本反对党的效率低下、党纲政策模糊、经济政策乏善可陈等战略缺点，在目前比较新的一项研究中，有学者把原因归结为日本的（现代）政治庇护制度所引发的一系列问题：

庇护主义与资金的集中化以及大量对被庇护地区的制度性保护结合在一起，构成了日本反对党失败的重要原因。反对党在任何庇护主义制度下都将面对一个天然的不足，那就是政府常常被执政党利用，成为政治庇护交易的工具。当然，这并不是说任何在庇护制度下的反对党都必然面对永久出局的命运，日本政治制度中的其他因素也在起作用，“这其中的主要原因是，“二战”之后，庇护主义与政府财政资源的集中两个因素相结合，使得日本反对党很难在地方选区中获胜，除非在财源上并不严重依赖中央政府财政的选区有些例外。也正因为这个原因，反对党在地方的基础并不雄厚，也无法推出更多的候选人与在地方背靠强大中央政府资金支持的自民党候选人竞争国家公职。这样看来，薄弱的地方基础与合格政治候选人的缺乏阻碍了日本反对党竞逐国家公职的力量，特别是在那些候选人密集，竞争激烈的选区。”①换句话讲，这种观点认为，日本反对党本身面临着政治精英人物的缺乏，这已经是一种先天的不利因素，同时，执政党（即指自民党）又利用对政府资源的政治恩赐（如同本书导论所言，这是一种对公共资源的灰色利用）以及国家财政补助制度提供的大量“阳光下的资金”来对反对党进行双重的打压，这成为日本反对党难以长期执政的重要因素。

“经过短暂下野、参与执政后，自1996年1月桥本龙太郎内阁诞生以来，自民党一直在联合政权中居于主导地位，直至2006年9月诞生的安倍晋三内阁。以自民党为主导的多党联合政权的延续，意味着冷战后日本政党体制的转型正处于一个新‘一党优位制’的重筑阶段。在此背景下，来自企业、行业团体的政治捐款表现出强烈的‘亲自民党倾向’。例如，将执政的自民党与第一大在野党在1996年度、2000年度所获政治捐款的状况作一比较，即可发现彼此间在捐款募集能力上的差距加大：在1996年度大宗捐款（即超过2000万日元）的收入总额中，自民党占87%，第一大在野党新进党占12%；提供大宗捐款的57家企业、行业团体（工会除外）中，有37家企业、行业团体同时向自民党与新进党捐了款，可视为它们为预防政权更迭而上的‘保险’。但是，在2000年度，大宗捐款的98%即8亿9136万日元都集中在自民党身上，而向第一大在野党民主党提供大宗捐款的仅有四家企业、行业团体……上述事实表明，允许企业、行业团体提供政治捐款的政治资金制度，始终是有利于第一大党、

① Ethan Scheiner. Democracy Without Competition in Japan: Opposition Failure in a One - Party Dominant State. Cambridge: Cambridge University Press, 2006, pp. 211 - 212.

有利于执政党的，二者之间仍旧保持着一种密切的利益互换关系。”① 可以这样说，1994 年之前的日本与目前的英国极其相似：因为并不存在着国家直接补助政党的制度形态，因此不能说政党直接利用了国家补助制度，但是执政党会根据政党的力量对比以及政治资金的具体形势不同，而灵活地调整自己对国家直接补助制度的态度，在是否实施国家直接补助政党问题上巩固自己的优势所在。而在国家直接补助政党制度诞生之后，自民党仍然在政治资金上保持着自己的优势，这取决于以下两点原因：一是就国家补助制度来说，日本具体分配与拨付补助金的形式与其他很多国家一样，是有利于老党、大党的；二是就来自社会渠道的捐款而言，大宗捐款也仍然偏向了自民党的金库。

二、自民党的官僚化进程与国家的纠结关系

由于特殊的历史原因，日本自民党的官僚化进程开始得比较早，政党很早就沾染上了国家行政力量的色彩，在此过程中，国家与政党的相互渗透比起被称为“政党国家”的德国来说有过之而无不及。

从政党政治中自民党的角度来看，其自身能够长期保持支配性统治地位的关键，主要有两个原因：一是对日本社会进行了最大限度的统合，从而保证了统治的广泛社会基础；二是通过官僚，形成了比较强的政策决定能力和执行能力，而这就使得自民党必须借助官僚的力量，以致最终出现自民党官僚化的现象。“战后，自民党与官僚在日本政治体制中的结合，主要体现在政党官僚化和决策机制一体化两个方面，促使二者紧密结合的纽带

① 徐万胜：《政治资金与日本政党体制转型》，《日本学刊》，2007 年第 1 期第 11－12 页。

则是利益互换。”[1] 自民党官僚化的形式是多样式、多层面的。自民党政党的官僚化表现在其政党的三个层次上。第一是自民党所属国会议员的官僚化，基于战后保守政党与官僚已经形成的密切关系以及大批官僚进入保守政党队伍，同时，也基于保守政党在战后面临着经济再建和现代化发展重任，自民党成立后，不但没有削弱官僚在自民党中的地位，反而巩固和加强了官僚的地位。官僚出身的议员在自民党所属的议员中长期保持着一定比例。第二是自民党领导集团的官僚化，首先体现为战后保守政党在长期执政期间首相的官僚化，其次体现为自民党内主要领导干部的官僚化，最后体现为政务调查会的各部会主要成员的官僚化。第三是自民党内阁阁僚的官僚化，在政党所属国会议员和政党内部领导集团都趋于官僚化的影响下，主要从国会议员或党的领导集团中挑选出来的内阁阁僚的官僚化就实属必然。对于自民党来说，官僚化一方面强化了自身政策决定能力，另一方面则打通了政党与官僚体系之间的关系，实现政治与行政的结合，保证了其一党独大的地位：自民党政策决定主体官僚化所带来的基本政治局面是政党与官僚机构的相互依存。[2]

在这种情况下，在日本个案中试图进行国家与政党的区分将变得十分困难，从另一角度而言，政党，特别是自民党，在进行包括国家补助政党制度在内的一系列政策决策时，遇到的来自国家的阻力都比本书中提到的其他国家要小得多，也正是这个原因，使得国家面对自民党对国家补助政党制度的工具化利用而难以施加更大的影响力。是否实施国家补助制度、如何具体实施这

① 徐万胜：《日本自民党“一党优位制”研究》，天津人民出版社，2004 年，第 174 页。

② 林尚立：《政党政治与现代化——日本的历史与现实》，上海人民出版社，1998 年，第 286—294 页。

种制度，几乎成了包括自民党在内的日本政党之间斗争与妥协的游戏：如果不是面临到了来自金丸信系列丑闻的巨大压力，自民党不会主动提出实施国家补助政党制度，如果不是“五五体制”在 1993 年终结，八党联合政府也不可能在 1994 年通过有关国家补助政党制度的法案，实际上，法案的最终通过，没有自民党的承认与默契也是根本不可能的，因此可以说，日本国家财政补助政党制度的出现，其出现时机的偶然性远远大于其必然性。

小 结

金权政治与派阀政治互相依存构成了日本政党政治中的重要内容，对派阀与金权政治的负面作用，一党独大的日本自民党从很早起就已经认识到并发起了改革党内派阀政治的活动，但这些活动最后基本上无果而终。从制度条款制定时间来讲，日本制定规范政治资金的法规并不落后于其他实行西方民主制度的国家，但是在一党优位的前提下由自民党主导了有关法律的修正与改革，因此对政治资金的规制往往流于形式，表面看起来法律规定越来越趋于严格，但是与有关法律法规不断修正同时发生的是政治资金丑闻的不断出现，政党和政治家个人与来自社会领域的灰色政治资金的联系很难被切断。日本国家财政补助政党制度产生于自民党长期执政地位终结、代之以联合政党执政的时期，但是制度的产生过程仍然少不了自民党的参与，从目前的结果来看，自民党不仅能够从国家那里得到巨额补助，同样也能够从社会渠道募集众多的政治献金，制度的受益者仍然是自民党。在自民党与国家纠缠在一起难以分清究竟政策主体为何的情况下，不仅区分国家与政党变得十分困难，同时从另一个角度看，自民党在推行有利于自己的政策时，遇到来自国家的阻力相对较小，这也使得国家面对自民党对财政补助政党制度的工具化利用而难以施加更大的影响力。

结 论

按照前述的分析框架，本书主要在三个方面展开美、英、德、日四个国家之间的比较，同时引出本书的结论。

（一）从国家的设计目标与达成程度来看

本书将国家的设计目标分成了具体目标与原则目标两部分。以具体目标而论，从前文分别对四个国家进行的论述可以看出，国家补助制度在达成这些目标的过程中并没有起到预想的作用：四个国家里竞选费用与成本都在持续增高，其中美国受第二次海湾战争影响，选民对政治议题感到了切身的重要性，因而被积极地动员起来，大量的自发捐款使美国2000年以来的总统选举费用连创新高；四国与政治资金有关的丑闻自国家补助政治制度实施之后也并未减少，英国的执政工党因为丑闻频发不得不一次又一次声称将改革目前的间接补助制度，引入国家财政直接补助制。德国的巨额财政补助也并没有减少几个大政党或政党联盟在合法渠道之外求募更多的资金。日本政府则直到最近还在不断受到政治资金丑闻的影响，企图再次以修改有关政治资金管理法律的方式缓冲丑闻给政党带来的负面影响，同样，大企业或特殊利益集团对选举的影响也因此并未消除，公民对政治的信心一次次被或大或小的政治丑闻所打击。以原则目标而论，具体目标达成受阻当然影响到了原则目标的实现，但是由于具体的国家补助分配与拨付方式不同，国家补助政党制度确实在某些国家起到了一定作用，最明显的是在促进公民政治参与、保证选举的开放性方面。在美国，由于补助总统初选采取的是匹配补助的办法，因此，两大政党的党内候选人都尽大努力向社会展现自己影响力，求募更多的资金，对那些政坛新星来说更是如此；在德国与日本，由于采用了设置“相对上限”的补助办法，政党只有求募到更多的社会资金才有资格得到更多的国家补助，这使得政党不敢在向社会渠道求募资金方面有丝毫懈怠。当然，国家的原则目标在这方面的达成，代价当然是竞选费用的不断攀升，这与制度的设计目标实际上形成了矛盾。那么，为什么国家的目标难以达成呢？

我们可以把制度难以达到其主观设计目标的原因分为两个层面进行分析，即究竟是制度本身设计上的逻辑缺陷导致制度目的难以达成，还是制度在实施过程中由于落实程度不够而无法达成目标。当然，这两个问题很难截然区分开来，但是在国家财政补助政党制度上，我们依照这个思路还是可以得到一定启示的。对国家补助政党而言，我们可以深入讨论：是因为国家补助政党制度本身存在逻辑缺陷而导致无法达到前述的一系列目的呢，还是因为其制度在落实中出现偏差导致制度失去作用。

前者反映在国家补助制度设计思路的问题上，即这项制度设计时是否要达成的目标过多、野心过大？还是根本不应该以国家财政作为政党资金的重要来源？甚或应该彻底改变管理政党财务问题的思路，以更加自由主义的态度去重新审视这种制度本身？后者主要关于国家补助制度具体实施的问题，即该项制度在实施中出现了什么样的因素，导致了制度的设计目的在落实过程中出现了偏差？

综合我们深入分析的四个国家的案例，可以说以制度的设计思路而论，国家补助政党制度要达成的目标并非过于繁多，以国家财政作为政党资金的重要来源，正如我们在分析制度产生的原因时讨论的，实际上也是政党政治与现代选举制度发展的结果，并非制度设计者异想天开，那么在制度的实施过程中，各个国家又出现了什么情况导致制度的执行与落实出现了偏差呢？综合而言，这主要是因为政党对国家补助制度进行了工具化的利用，使制度偏离了国家的设计初衷，成了政党维护自身利益的工具，紧接下来，我们可以从政党的目标与态度来进行分析。

（二）从政党的目标与态度来看

如前所述，在任何党纲与声明中，政党都不可能反对国家意欲实现的任何一个具体目标或者原则目标，但是，经过对四个国家的研究分析可以发现，政党在国家补助制度的具体实施时机与实施办法上，都尽可能地实现了自身对国家补助政党制度的“工具化利用”。我们可以借助列表的方式比较如下：

	对国家补助资金的工具化利用	对国家补助制度的工具化利用
美国	在正式法律制度之外寻找法律漏洞，在享受国家补助的同时仍然能从社会募得大量不附加法律限制的政治资金	利用国家补助使之形成有利于两党、不利于小党的态势；将国家补助设为可选项，根据竞选形势的不同选择是否接受
英国	无直接补助制度	视政党资金对比形势不同，将是否采用国家补助制度当作保持自身优势的策略性选择之一
德国	政党享受直接补助政党的选后返还式补助、匹配式补助、针对政党基金会的补助；间接的课税减免补助、免费媒体时段补助等大量补助，附加条款极少	多党制决定了政党间倾向于用强势政党联合的方式共同利用国家财政补助，保持恒强态势，排挤小党的融资渠道

续表

	对国家补助资金的工具化利用	对国家补助制度的工具化利用
日本	自民党能够从国家得到大量补助，大宗捐款仍然倾向于自民党党库	自民党长期将有关法律的修正作为化解政治丑闻带来的压力的办法，国家补助制度的出现有很大的偶然性；国家补助制度也被寄予了改革政党政治的希望（但具体达成程度仍待观察与研究）

从列表的比较中可以看出，各国的政党对国家补助资金与国家补助制度本身进行工具化利用的具体方法各有不同，这是由各国的不同政治制度环境所决定的[①]，例如，同为向政党提供了大量财政补助的国家，德国和日本的司法制度与法律环境在国家补助制度的实施过程就产生着不同的影响，在判定大量国家补助资金是否合乎宪法与法律方面，国家的宪法法院往往发挥着更重要的作用。“日本甚至直到二十世纪九十年代都还没有一部政党法，然而德国的政党法及有关的法律却不仅早已有之，而且自二十世纪五十年代以来一直经受着宪法法院密集而反复的监督审查。”[②] 而在美国，联邦最高法院则因宪法制度中反映“自由”与“平等”价值理念的法律条款存在的内在张力而不得不在政党资金管理改革问题上采取一种摇摆的态度。但是，政党对国家补助制度的态度与最终的目标却几乎是一致的，那就最充分地利

① 当然，出于研究方法与研究目的的考虑，本书暂时没有进行政治文化影响因素的分析，但这并不表明本书认为政治文化因素并不对各国政党的具体行为特征产生影响。

② Arnold J. Heidenheimer. Parties, Campaign Finance and Political Corruption: Tracing Long – Term Comparative Dynamics, In Arnold J. Heidenheimer, Michael Johnston: Political Corruption: Concepts & Contexts. Transaction Publishers, 2002, 765.

用国家财政补助政党制度，与此同时，尽量避免因为接受国家补助金而必须遵从的、附加在其上的种种限制性条款的约束。

（三）国家与政党围绕补助制度的互动关系

既然国家通过财政补助政党制度并没有能够很好地达到自己原来的设计目的，而且政党反而在实施这种制度的同时对财政补助制度进行了工具化的利用，那么，下面我们就要回答本书开头提出的问题，为什么国家会面对政党将财政补助制度进行“工具化利用”而无能为力？

就英国与日本的例子来讲，这主要是由于特定政治制度环境下国家定位的模糊所致。英国的议会内阁制使赢得了议会多数的政党不仅主宰了立法权，也自然而然地控制了行政权，这使得国家在政党之间围绕财政补助制度进行立法斗争时实际上处于模糊的定位，英国至今仍未引入直接补助政党制度，就是因为国家力量不得不等待一些诸如政治丑闻之类偶然事件的发生，才能使直接补助制度有引入的可能；对比日本的例子，如前所述，1994年日本直接补助政党制度实施之前的情况与现今英国的情况非常类似，自民党一党独大并且政党与国家紧紧渗透在一起而在具体政策上难以区分彼此，同时自民党拥有足以保证自己优势地位的政治融资渠道与手段，这使得自民党可以像英国的执政工党一样，将是否采纳直接补助制度作为自己与其他政党竞争的策略性工具之一，直接补助制度的最终产生有极大的偶然性。在英国与日本的个案中，国家的模糊定位导致了国家在财政补助政党制度的管理与改革上软弱无力，面对政党对制度的工具化利用而束手无策。

就美国与德国而言，国家在此问题上表现出的无能为力实际上并不是因为国家没有足够的能力去干涉政党的行为，而是因为国家在制度的管理与变革过程中所秉持价值理念的内在张力所致。

对实践中的任何一种制度而言，都会出现制度创制者的主观目的与实际形成的结果不完全一致的情况，有学者认为出现这种情况的原因有二：“任何一种按照某种价值追求而设计出来的制度，其在展开和运作的过程中都会面临两个问题。一是制度的设计者与制度的运作者分离的问题。即使对于全国性层次的制度设计而言，除去制度的设计者存在的情况之外，都会出现制度的设计者和制度的实际运作者分离的现象。在这种设计者与运作者分离的情况下，有可能会导致设计者与运作者对制度本身的理解并不完全一样。……这种主体的分离无疑会导致制度运作的意外后果的出现，制度的动作过程很可能就会不完全按照设计者的意志而展开。第二个问题是，……一个任何设计或生长出来的制度都会遇到旧制度面临新环境的现象。这种新环境的出现，就会导致新的利益主体产生。这些新的利益主体会在这一套制度的内部或外部，利用现存制度来实现自己的利益和目标。从而，必然会对现存制度产生新的压力或动力，现存制度也必然会力图适应甚至改变这种新环境。但是，在这种与新环境的适应和调适的过程中，会导致现存制度中出现某些新的因素。随着这些新因素的不断成长，原制度中会融入一些新制度，从而导致现存制度在功能和结构上都会出现一些新变化。”①

这种分析考虑到了制度、制度创制者与制度执行者三个要素，并且以动态的角度去看问题，因此是一种比较深入的分析。这种分析的结论很明显：制度创制者在设计制度时秉持了某种价值追求，并且可以被研究者所准确判断与认知，因此制度没有达到设计目的主要是源于“制度失控”所带来的影响或者无法以理性预知的新因素的产生。但是，具体到国家财政补助政党制

① 何俊志：《制度等待利益：县级人大制度成长模式研究》，重庆出版社，2005年，第43页。

度，情况可能比上述的分析更加复杂一些。

国家希望借助财政补助政党制度达到多种目标，但是就国家补助政党制度而言，很难讲在设计制度时是否存在着确定的、可为研究者所准确判断与认知的价值追求，进一步讲，即使存在着确定的价值追求，这些价值追求是否存在内在的张力，也是值得认真探讨的。

如果我们带着这个问题将美国与德国进行比较就会发现，美国联邦最高法院所直接面对的，是自由与平等这两个民主制度的根本价值理念的张力，因此在国家补助问题上不断表现出矛盾的心态；德国宪法法院没有直接面对美国联邦最高法院所需要面对的价值追求的内在张力问题，但是，却在如何处理“宪法对政党地位的规定”与“政党借此不断攫取国家补助的企图”之间难以达到很好的平衡。当然在美国与德国历史中存在着的那些先在条件影响了两个国家对财政补助政党制度的处理方式，“德国宪法法院对政党和选举的看法总体上根植于德国政治历史的原因，这种历史代表了一种西方议会制度与德国国家传统的独特结合。政党是宪政的组成部分，因此应当以其在选举中扮演的角色而获得国家的补助，这种看法恰恰与美国那种认为政党是非官方的因而也应完全依赖社会捐款的宪政观点形成反差。”① 然而不管我们认同德国经验还是坚持美国观点，一个不可回避的事实就是，部分地代表了国家意志的美国联邦最高法院与德国宪法法院在面对政党对补助制度进行工具化利用的时候，其角色都是矛盾的，其态度也都是处于摇摆之中的。

可以说，国家在面对财政补助政党制度的时候，很难讲主观

① Donald P. Kommers, John E. Finn, Gary J. Jacobsohn. American Constitutional Law: Essays, Cases, and Comparative Notes. Oxford: Rowman & Littlefield, 2004, p. 390.

上是否存在着确定无疑的价值追求，即便承认了这些价值追求的存在，也必须看到，相同性质的这些民主价值理念表现在具体的制度之中也会体现出其内在的矛盾关系的。这提醒我们，在分析某种制度并未达到其主观设计目的的原因时，可能存在着除前面所引述的两种原因之外的第三种情况，即制度创制者所持价值理念的矛盾对制度实施过程带来的影响，本书对国家补助政党制度的比较研究在方法论上的意义也正在于此。

参考文献

一、中文文献

1.《马克思恩格斯选集》（1—4 卷），人民出版社，1972 年。

2.［德］韦伯著，胡景北译：《社会学的基本概念》，上海人民出版社，2000 年。

3.［法］布隆代尔、［意］科塔，政党政府的性质：一种比较性的欧洲视角，北京大学出版社，2006 年。

4.［美］W. 菲利普斯·夏夫利著，新知译：《政治科学研究方法》，上海人民出版社，2006 年。

5.［美］巴利著，舒小昀等译：《社会学家、经济学家和民主》，江苏人民出版社，2007 年。

6.［日］内田满著，唐亦农译：《现代美国压力政治》，复旦大学出版社，2007 年。

7.［日］森口繁治著，刘光华译：《选举制度论》，中国政法大学出版社，2004 年。

8.［日］西原春夫著，顾肖荣等译：《刑法的根基与哲学》，法律出版社，2004 年。

9.［英］安东尼·吉登斯著，赵旭东，方文译：《现代性与自我认同：现代晚期的自我与社会》，三联书店，1998 年。

10. 曹沛霖，徐宗士：《比较政府体制》，复旦大学出版社，1993 年。

11. 高洪：《日本政党制度论纲》，中国社会科学出版社，2004 年。

12. 顾俊礼：《欧洲政党执政经验研究》，经济管理出版社，2005 年。

13. 何俊志：《结构、历史与行为——历史制度主义对政治科学的重构》，复旦大学出版社，2004 年。

14. 何俊志：《制度等待利益：县级人大制度成长模式研究》，重庆出版社，2005 年。

15. 胡盛仪：《中外选举制度比较》，商务印书馆，2000 年。

16. 凯瑟琳·西伦，斯温·斯坦默著，自何俊志等译：《比较政治学中的历史制度主义》，《新制度主义政治学译文精选》，天津人民出版社，2007 年。

17. 梁云祥，应霄燕：《后冷战时代的日本政治、经济与外交》，北京大学出版社，2000 年。

18. 林尚立：《政党政治与现代化——日本的历史与现实》，上海人民出版社，1998 年。

19. 日本综合研究开发机构，彭晋璋译：《90 年代日本的课题》，经济管理出版社，1989 年。

20. 唐晓，王为，王春英：《当代西方国家政治制度》，世界知识出版社，2006 年。

21. 王长江：《现代政党执政方式比较研究》，上海人民出版社，2002 年。

22. 王浦劬：《选举的理论与制度》，高等教育出版社，2006 年。

23. 王晓民：《国外议会研究文丛》，中国财政经济出版社，2003 年。

24. 王振锁：《战后日本政党政治》，人民出版社，2004 年。

25. 王振锁：《自民党的兴衰——日本“金权政治”研究》，天津人民出版社，1996 年。

26. 徐锋：《政党和政党制度比较研究》，东华大学出版社，2005 年。

27. 徐万胜：《日本自民党“一党优位制”研究》，天津人民出版社，2004 年。

28. 徐万胜：《政治资金与日本政党体制转型》，《日本学刊》，2007 年 1 月 7 日。

29. 詹姆斯·G. 马奇，约翰·P. 奥尔森著，自何俊志等译：《新制度主义：政治生活中的组织因素》，《新制度主义政治学译文精选》，天津人民出版社，2007 年。

30. 张伯玉：《日本政党制度政治生态分析》，世界知识出版社，2006 年。

31. 张立平：《美国政党与选举政治》，中国社会科学出版社，2002 年。

32. 张小劲：《关于政党组织嬗变问题的研究：综述与评价》，欧洲，2002（4）；67。

33. 周淑真：《政党和政党制度比较研究》，人民出版社，2001 年。

二、英文文献

1. Akiko Ejima. *Revisiting Transparency and Disclosure in Japanese Political Reform.* In K D Ewing and Samuel Issacharoff：Party Funding and Campaign Financing in International Perspective. Portland，Oregon：Hart Publishing，2006.

2. Alexander Heard，Michael Nelson. *Presidential Selection.* Duke

University Press, 1987.

3. Anna Grzymala – Busse. *Rebuilding Leviathan: Party Competition and State Exploitation in Post – communist democracies*. Cambridge: Cambridge University Press, 2007.

4. Anthony Corrado. *Campaign Finance Reform: A Sourcebook*. Washington, D. C.: Brookings Institution Press, 1997.

5. Anthony Corrado. *Paying for Presidents: Public Financing in National Elections*. New York: Twentieth Century Fund Press, 1993.

6. Anthony Wright. The British Political Process: An Introduction. London: Routledge, 2000.

7. Arnold J. Heidenheimer. *Comparative party Finance: Notes on Practices and Toward a Theory*. The Journal of Politics: Vol. 25, No. 4 (Nov., 1963), pp. 808 – 809

8. Arnold J. Heidenheimer. *Parties, Campaign Finance and Political Corruption: Tracing Long – Term Comparative Dynamics*, In Arnold J. Heidenheimer, Michael Johnston : Political Corruption: Concepts & Contexts. Transaction Publishers, 2002.

9. Auguste V. Anschutz. *Campaign Financing in the United States: Issues and Laws*. Nova Science Publishers, 2002.

10. Aurelia George Mulgan. *The Politics of Agriculture in Japan*. London: Routledge, 2000.

11. Bradley A. Smith. *Unfree Speech: The Folly of Campaign Finance Reform*. Princeton: Princeton University Press, 2001.

12. Bradley A. Smith: *Faulty assumptions and undemocratic consequences of campaign finance reform*. The Yale Law Journal, Vol. 105, No. 4. (Jan., 1996), pp. 1053 – 1091

13. Carl – Christoph Schweitzer. *Politics and Government in Germany, 1944 – 1994: Basic Documents*. Berghahn Books, 1995.

14. Charles Brecher, Raymond D. Horton. *Power Failure: New York City Politics and Policy Since* 1960. Oxford: Oxford University Press, 1993.

15. Christine Landfried. *Political Finance in West Germany*, in Herbert E. Alexander and Rei Shiratori: *Comparative Political Finance Among the Democracies*. Oxford: Westview Press, 1994.

16. Clawson Dan, Alan Neustadtl, Mark Weller. *Dollars and Votes: How Business Campaign Contributions Subvert Democracy*. Temple University Press, 1998.

17. Danica Fink – Hafner. Slovenia: *Between Bipolarity and Broad – Coalition Building, In Susanne Jungerstam – Mulders, Post – Communist Eu Member States: Parties and Party Systems*. Hampshire: Ashgate Publishing, Ltd., 2006.

18. Daniel Smilov, Jurij Toplak. *Political Finance and Corruption in Eastern Europe: The transition period*. Burlington: Ashgate Publishing Company, 2007.

19. Daniel Smilov. *The Impact of Corruption on Legitimacy of Authority in New Democracies*. In Stephen Kotkin. Political Corruption in Transition: A Skeptic's Handbook. Central European University Press, 2002.

20. David B. Magleby, Brookings Institution. *Financing the* 2000 *Election*. Washington D. C.: Brookings Institution Press, 2002.

21. David Butler, Austin Ranney. *Electioneering: A Comparative Study of Continuity and Change*. Oxford: Oxford University Press, 1992.

22. David Coates. *Paying The Third Way: A Critique of Parliamentary Socialism*. Merlin, 2003.

23. David P. Conradt, Gerald R. Kleinfeld. *Precarious Victory:*

The 2002 *German Federal Election and Its Aftermath*. Berghahn Books, 2005.

24. David P. Conradt. *Germany's New Politics*: *Parties and Issues in the* 1990*s*. Oxford: Berghahn Books, 1995.

25. Dietrich Rueschemeyer, Marilyn Rueschemeyer, Bj? rn Wittrock. *Participation and Democracy East and West*: *Comparisons and Interpretations*. New York: M. E. Sharpe, Inc., 1998.

26. Donald P. Kommers, John E. Finn, Gary J. Jacobsohn. *American Constitutional Law*: *Essays*, *Cases*, *and Comparative Notes*. Oxford: Rowman & Littlefield, 2004.

27. Donald P. Kommers. *Judicial Review in Italy and West Germany*, in Gerhard Leibholz, Jahrbuch des ? ffentlichen Rechts. Mohr Siebeck, 1971.

28. Donald P. Kommers. *The Constitutional Jurisprudence of the Federal Republic of Germany*. Duke University Press, 1997.

29. Donald P. Kommers. *Building Democracy*: *Judicial Review and the German Rechtsstaat*, In: John Brady, Beverly Crawford, Sarah Elise Wiliarty: The Postwar Transformation of Germany: Democracy, Prosperity, and Nationhood. Michigan: University of Michigan Press, 1999.

30. Donald Sassoon. *Looking Left*: *European Socialism After the Cold War*. London: I. B. Tauris & Co. Ltd., 1997.

31. Edmund Terence Gomez.: *Political Business in East Asia*. London: Routledge, 2002.

32. Edward R. Beauchamp. *History of Contemporary Japan* 1945 – 1998. Taylor & Francis, 1998.

33. Ethan Scheiner. *Democracy Without Competition in Japan*: *Opposition Failure in a One – Party Dominant State*. Cambridge:

Cambridge University Press, 2006.

34. Ferdinand Joseph, Maria Feldbrugge. *Human Rights in Russia and Eastern Europe*. Dordrecht: Martinus Nijhoff Publishers, 2002.

35. Ferdinand, P. *Building Democracies on the Basis of Capitalism: Towards an East Asian Model of Party Funding*. In Peter J. Burnell, Alan Ware: Funding Democratization. Manchester: Manchester University Press, 1998.

36. *Financing Presidential Campaigns: An Examination of the Ongoing Effects of the Federal Campaign Laws Upon the Conduct of Presidential Campaigns*. Committee on Rules and Administration, Campaign Finance Study Group, Institute of Politics, John F. Kennedy School of Government, Harvard University. 1982

37. *Fuelling the political machine: state funding of political parties and limits on expenditure would create more difficulties than they solved*, Economist 1997. 11: 5; 345: 37 – 8

38. Geoffrey K. Roberts. *German Politics Today*. Manchester: Manchester University Press, 2000.

39. Georg Vanberg. *The Politics of Constitutional Review in Germany*. Cambridge: Cambridge University Press, 2005.

40. Gerald L. Curtis. *The logic of Japanese politics: leaders, institutions, and the limits of change*. Columbia University Press, 1999.

41. *Give candidates option of public financing for races*. USA Today, Section: News, Pg. 19a JUN 27, 2006

42. Graham P. Thomas. *Should Political parties be funded by the state?* In Lynton J. Robins, Bill Jones: *Debates in British Politics Today*. Manchester: Manchester University Press, 2000.

43. Green, Mark. Selling Out: *How Big Corporate Money Buys Elections, Rams Through Legislation, and Betrays Our Democracy*. Regan Books, 2004.

44. Hans – Peter Schneider. *The New German System of Party Funding: the Presidential Committee Report of* 1983 *and its Realization*. In Herbert E. Alexander: Comparative Political Finance in the 1980s. New York: Cambridge University Press, 1989.

45. Heinrich Mintrop. *Changing Core Beliefs and Practices Through Systemic Reform, The Case of Germany after the Fall of Socialism*. Educational Evaluation and Policy Analysis: Vol. 21, No. 3. Autumn, 1999.

46. Herbert E. Alexander, Anthony Corrado. *Financing the* 1992 *Election*. New York: M. E. Sharpe, 1995.

47. Herbert E. Alexander and Rei Shiratori. *Comparative Political Finance Among the Democracies*. Boulder: Westview Press, 1994.

48. Herbert E. Alexander. *Soft Money and Campaign Financing*. Washington, D. C: Public Affairs Council, 1986.

49. Ingrid van Biezen. *Party Financing in New Democracies : Spain and Portugal*, Party Politics, 2000, Vol. 6, No. 3, pp. 329 – 342.

50. Jan Sundberg. *The Scandinavian Party Model at the Crossroads*. In Paul Webb, David M. Farrell, Ian Holliday. *Political Parties in Advanced Industrial Democracies*. Oxford: Oxford University Press, 2002.

51. Jean – Marie Bouissou. *Gifts, Networks and Clienteles: Corruption in Japan as a Redistributive system*, In Donatella Della Porta, Yves Meny, trans: Simon Lee, Democracy and Corruption in Europe. Continuum International Publishing Group, 1997.

52. Jody C Baumgartner. *Modern Presidential Electioneering：An Organizational and Comparative Approach.* Westport：Greenwood Publishing Group，2000，p. 42.

53. John Clifford Green. *Financing the* 1996 *Election.* New York：M. E. Sharpe，1999.

54. John Curtis Samples. *The Fallacy of Campaign Finance Reform.* Chicago：University of Chicago Press，2006.

55. John H. Kessel. *Presidential Campaign Politics：Coalition Strategies and Citizen Response*（third edition）. Chicago：the Dorsey Press，1988.

56. Jurgen Ruland. *Parliaments and Political Change in Asia.* Institute of Southeast Asian Studies，2005.

57. Jurgen Zeiss，Jens Borchert. *The Political Class in Advanced Democracies.* Oxford：Oxford University Press，2003.

58. Justin Fisher. *Next Step：State Funding for the Parties.* the political quarterly，2002，p. 392.

59. K. D. Ewing. *The Cost of Democracy：Party Funding in Modern British Politics.* Oxford：Hart Publishing，2007.

60. Karl H. Cerny. *Germany at the Polls：The Bundestag Elections of the* 1980*s.* Duke University Press，1990.

61. Karl – Heinz Nassmacher. *Citizens′ Cash in Canada and the United States.* In Herbert E. Alexander，Rei Shiratori：*Comparative Political Finance Among the Democracies.* Boulder：Westview Press，1994.

62. Karl – Heinz Nassmacher. *Structure and Impact of Public Subsidies to Political Parties in Europe：the Examples of Austria，Italy，Sweden and West Germany.* In Herbert E. Alexander：*Comparative Political Finance in the* 1980*s.* New York：Cambridge University

Press, 1989.

63. Kathleen Thelen, *Historical Institutionism in Comparative Politics*, Annual Reviews of Political Science, 1992. 2: 269 – 404

64. Kevin Casas – Zamora. *Paying for Democracy: Political Finance and State Funding for Parties*. Colchester: ECPR Press, 2005.

65. Klaus von Beyme. *Political Parties in Western Democracies*, English translation by Eileen Martin. New York: St. Martin ′s Press, 1985.

66. Kollman K. *Outside lobbying: public opinion and interest group strategies*. Princeton: Princeton University Press, 1998.

67. Kurt Richard Luther, Ferdinand Muller – Rommel. *Political Parties in the New Europe: Political And Analytical Challenges*. Oxford: Oxford University Press, 2005.

68. Leo Panitch, Colin Leys. *The End of Parliamentary Socialism: From New Left to New Labour*. New York: Verso, 2001.

69. Louis D. Hayes. *Introduction to Japanese Politics*. New York: M. E. Sharpe, 2005.

70. Lynda Lee Kaid. *The Millennium Election: Communication in the* 2000 *Campaign*. Lanham: Rowman & Littlefield, 2003.

71. Malbin, Michael J. . *The Election After Reform: Money, Politics, and the Bipartisan Campaign Reform Act*. Oxford: Rowman & Littlefield Publishers, Inc. , 2006.

72. Mark Garnett, Philip Lynch. *Exploring British Politics*. London: Longman, 2006.

73. Martin H. Redish. *Money Talks: Speech, Economic Power, and the Values of Democracy*. New York: NYU Press, 2001.

74. Martin Rhodes. *Financing Party Politics in Italy: A Case of Systemic Corruption*, In Martin J. Bull, Martin Rhodes, Crisis and

Transition in Italian Politics. London: Routledge, 1997.

75. Matt Cain, Matthew Taylor. *Keeping It Clean: State Funding of Political Parties.* Institute for PublicPolicy Research, 2002.

76. Mayumi Itoh. *Globalization of Japan: Japanese Sakoku Mentality and U. S. Efforts to Open Japan.* St. Martin's Press, 1998.

77. Michael F. Thies. *Changing How the Japanese Vote: The Promise and Pitfalls of the* 1994 *Electoral Reform. In John Fuh – Sheng Hsieh: How Asia Votes.* New York: Seven Bridges Press, 2002.

78. Michael G. Huelshoff, Andrei S. Markovits, Simon Reich. *From Bundesrepublik to Deutschland: German Politics After Unification.* Michigan: the University of Michigan Press, 1993.

79. Michael Pinto – Duschinsky. *British Party Funding*, 1983 – 1988. *In: Comparative Political Finance Among the Democracies.* Boulder: Westview Press, 1994.

80. Michael Pinto – Duschinsky. *British Political Finance*, 1830 – 1980. American Enterprise Institute for Public Policy Research, 1981.

81. Muiris MacCarthaigh. *Accountability in Irish Parliamentary Politics.* Dublin: Institute of Public Administration, 2005.

82. Navraj Singh Ghaleigh. *Expenditure, Donations and Pulic Funding under the United Kingdom's Political Parties, Elections and Referendums Act* 2000 – *and Beyond*? In: K D Ewing, Samuel Issacharoff: *Party Funding and Campaign Financing in International Perspective.* Portland: Hart Publishing, 2006.

83. Neal Avaliktos. *The Election Process Revisited.* New York: Nova Publishers, 2004.

84. Nelson W. Polsby, Aaron Wildavsky, David A. Hopkins. *Presidential Elections: Strategies and Structures of American Politics.* Lanham: Rowman &

Littlefield, 2007.

85. Pascal Perrineau, Gérard Grunberg, Colette Ysmal. *Europe at the Polls: The European Elections of* 1999. Palgrave, 2002.

86. Paul D. Webb, Ian Holliday, David M. Farrell. *Political Parties in Advanced Industrial Democracies.* Oxford: Oxford University Press, 2002.

87. Paul G. Lewis, Paul D. Webb. *Pan – European Perspectives on Party Politics.* Leiden: BRILL, 2003.

88. Peter J. Burnell, Alan Ware. *Funding Democratization.* Manchester: Manchester University Press, 1998.

89. Pippa Norris. *Radical Right: Voters and Parties in the Electoral Market.* Cambridge: Cambridge University Press, 2005.

90. R. A. W. Rhodes, Sarah A. Binder, BertA. Rockman. *The Oxford Handbook of Political Institutions.* Oxford: Oxford University Press, 2006.

91. Ralph K. Winter, John R. Bolton. *Campaign Financing and Political Freedom.* Washington: American Enterprise Institute for Public Policy Research, 1973.

92. Richard Briffault. Dollars and Democracy: *A Blueprint for Campaign Finance Reform.* New York: Fordham Univ Press, 2000.

93. Richard S. Katz and Peter Mair, *Changing Models of Party Organization and Party Democracy: The Emergence of the Cartel Party*, Party Politics, 1 (January, 1995), pp. 5 – 28.

94. Richard S. Katz. Democracy and Elections. Oxford: Oxford University Press, 1997.

95. Richard Sakwa. *Russian Politics and Society.* London: Routledge, 2002.

96. Rund A. Koole. *The Vulnerability of the Modern Cadre Pary in*

the Netherlands. In Richard S. Katz and Peter Mair: *How Parties Organize: Change and Adaptation in Party Organizations in Western Democracies*. London: SAGE Publications Ltd., 1994.

97. Ruud Koole. *The " modesty" of Dutch Party Finance*. In Herbert E. Alexander: *Comparative Political Finance in the* 1980*s*. New York: Cambridge University Press, 1989.

98. Sanja Tatic, Christopher Walker. Countries at the Crossroads: A Survey of Democratic Governance. Lanham: Rowman & Littlefield, 2006.

99. Sidney Kraus. *Televised Presidential Debates and Public Policy*. Mahwah: Lawrence Erlbaum Associates, 2000.

100. Stephen R. White, Judy Batt, Paul G. Lewis. *Developments in Central and East European Politics* (4*th edtion*). Duke University Press, 2007.

101. Stuart Weir, David Beetham. *Political Power and Democratic Control in Britain*. London: Routledge, 1999.

102. Susan E. Scarrow, Paul Webb, David M. Farrell. *From Social Integration to Electoral Contestation: The Changing Distribution of Power within Political Parties*. In Russell J. Dalton and Martin P. Wattenberg: *Parties without Partisans: Political Change in Advanced Industrial Democracies*. New York: Oxford University Press Inc, 2000.

103. Susan E. Scarrow. *Paying for Mistakes: Party Finance Scandals and their Consequences in the* 2002 *Election*. German Politics and Society, Issue 66 Vol. 21, No. 1, Spring 2003, pp. 134 – 136.

104. Susan J. Pharr, Ellis S. Krauss. *Media and Politics in Japan*. University of Hawaii Press, 1996.

105. Thomas Poguntke. *Parties in a Legalistic Culture: The Case*

of Germany, In Richard S. Katz and Peter Mair：*How Parties Organize*：*Change and Adaptation in Party Organizations in Western Democracies*. London：SAGE Publications Ltd.，1994.

106. Thomas. Poguntke，Kay Lawson. *How Political Parties Respond*：*Interest Aggregation Revisited*. London：Routledge，2004.

107. Tilly，Charles. *The Formation of National States in Western Europe*. Princeton：Princeton University Press，1975.

108. William C. Binning，Larry Eugene Esterly，Paul A. Sracic. *Encyclopedia of American Parties*，*Campaigns*，*and Elections*. Westport：Greenwood Press，1999.

109. William J. Crotty. *Political Reform and the American Experiment*. New York：Thomas Y. Crowell Company，Inc.，1977.

110. Wolfgang C. Müller. *The Relevance of the State for Party System Change*. Journal of Theoretical Politics，Vol. 5，No. 4，1993. p. 420.

后记

旧椅陈桌宿酒浑，书径拾阶安清贫。
师勤常嘱声声切，徒鄙总负寸寸心。

您已经看到的这本小书是我博士论文的主要部分，它直接源于一次导师命题作文式的“急就章”，但后来，随着阅读与写作的深入，我发现自己对这个命题开始产生了兴趣——这不是文末追述与狡辩式的矫情，而是研究的乐趣带给我的真实感想。

首先要感谢中央民族大学一直以来提供的良好的教学与科研平台，这使得我能够在繁忙的授课之余，仍然有时间和精力继续一些关于政党与政治资金的研究。总的来说，政党来自于社会，并以掌握一定的国家权力为自己区别于其他组织的特征。政党的发生、发展与演变在很多国家和地区已经成为其政治史的重要部分，在中国当然也不例外。对政党的研究可谓丰富多彩，但仅以国家财政补助政党制度而言，该项研究可以说是刚刚展开，唯愿自己的这本小书勉强可为中文学界此类专项研究领域的开创性作品。当然，书成之时直至今日，著者每怀惴惴不安之心，心中深知研究成果不丰，水平尚浅，只能在今后的后续工作中将遗憾一点点补足了。

请让我借这个小小的平台对当年的学习与研究生活做一个回顾与感谢。发自内心地感谢孙关宏、曹沛林、林尚立、陈明明、臧志军等诸位先生教授。三年复旦生活，从第一天起，我便为自己“博士研究生”的头衔而汗颜，彼时的我，于“学问”二字其实毫无头绪，既不懂为“学”，甚至不懂如何发“问”，除了面对巨儒合宜的谦卑，真的不知道自己还存有什么值得诸位先生耐心一教的潜质，但终于因为有了各位先生的倾囊相授，使我如今终于不再困于自己当年的浅薄与自大当中，最大的有知恰恰是知道自己其实无知。三年的生活，有此一句收获足以享用一生。

如果机缘巧合，拙著有一日幸入两位先生法眼，我愿意说，后记中的一首打油诗写给张汝伦与洪涛两位先生，复旦一园之大，唯两位先生真正领我步入校门。

可以毫不夸张地说，两位先生让我领略到了思想所能够达到的高度，面对高山，仰望之余，后生小子方才有了挽袖一试的冲动。张先生无疑拥有冷静而深刻的见识，但不时对当下时事的唉叹中又能看出您仍然保持着人之为人可贵的激情，这时刻提醒我为人为学的意义所在。洪先生在授课时偶尔的停顿往往成为我大脑宝贵的休息时间——因为我必须不停地紧跟您的思路走完每次两小时的瑰丽之旅，一刻也舍不得松懈！先生们的言行，是言教，更是身教，这些都坚定了我的信念：学习政治就是学习如何探求政治之善，更是学习如何做人，多年过去，最想向先生们说的也仍然只有两个字：谢谢！

回首往事鲜活的音画至今历历在目，我的学友余凯、廖小东、刘伟、杨建党、容志、江远山等同学和我一同度过了生命中最宝贵而有价值的三年时光，诗酒年华足堪忆，谢谢你们。

感谢我的爱人张洁，三年之中不仅与我一同走过了从恋爱到婚姻的道路，也陪我一起走完了求学的艰苦旅程，至今，闭上眼睛，仍能看到2008年春节那晚，上海夜空腾起的无数烟火。大年夜里奋战于论文的我并不孤独，我们在我小小宿舍里憧憬未来，穿上所有衣服御寒的那晚，今天回忆起来却是阵阵暖意。

最后我想把这本小书献给我的父母，我写作了这本小书，而二老养育了我。书稿完成之时，萦绕在我脑海的，不是别的，是幼年每次临考时早餐的油条和煮蛋，是当时并不殷实的家庭省吃俭用所能给我的最好的教育。也许物质丰裕起来的儿子不再需要节衣缩食地养育下一代，但我一定会让我的孩子记住，那个平凡时代的你们，最伟大。

2012 年 5 月于北京